Méditerranée en Bouche
Découvrez les Secrets de la Cuisine Méditerranéenne

Claire Dubois

Résumé

Pizza au quinoa 9

Pain au romarin et aux noix 11

Délicieux sandwichs au crabe 14

Pizzas parfaites 16

Marguerite méditerranéenne 20

Frittata Remplie De Courgettes Épicées Et Garnitures De Tomates 22

Pain à la crème sure aux bananes 24

Pain pita maison 26

Sandwichs avec focaccia 28

Assiette avec pain pita zaatar grillé 30

Mini shawarma au poulet 32

Pizza aux aubergines 34

Pizza Méditerranéenne Complète 36

Pita aux épinards et feta au four 37

Pizza feta pastèque et balsamique 39

Burger aux épices mélangées 40

Sandwiches Jambon - Laitue - Tomate et Avocat 42

Gâteau aux épinards 44

Hamburger de poulet à la féta 46

Rôti de porc pour tacos 48

Tarte italienne aux pommes à l'huile d'olive 50

Tilapia rapide avec oignon rouge et avocat 52

Poisson grillé au citron 54

Dîner de poisson poêlé en semaine 56

Bâtonnets de poisson croustillants à la polenta	58
Saumon poêlé	60
Burgers toscans au thon et aux courgettes	62
Bol de chou noir et de thon à la sicilienne	64
Ragoût de cabillaud méditerranéen	66
Moules cuites à la vapeur sauce au vin blanc	68
Crevettes à l'orange et à l'ail	70
Gnocchis aux crevettes rôtis au four	72
Puttanesca aux crevettes épicées	74
Sandwichs au thon à l'italienne	76
Wrap à la salade de saumon à l'aneth	78
Gâteau aux palourdes blanches	80
Farine de poisson aux haricots cuits au four	82
Ragoût de morue aux champignons	83
Espadon épicé	85
Pasta Mania aux Anchois	87
Pâtes aux crevettes à l'ail	89
Saumon au miel et vinaigre balsamique	91
Farine de poisson à l'orange	92
Zoodles aux crevettes	93
Truite aux asperges	95
Thon aux olives et chou frisé	97
Crevettes épicées au romarin	99
Saumon aux asperges	101
Salade Thon Noisette	102
Soupe Crémeuse Aux Crevettes	104
Saumon Épicé Au Quinoa Aux Légumes	106

Truite à la moutarde aux pommes 108
Gnocchis aux Crevettes 110
Crevettes Saganaki 112
Saumon méditerranéen 114
Crevettes au gingembre et sauce tomate 116
Pâtes aux crevettes 119
Cabillaud méditerranéen 121
Moules au vin blanc 123
Saumon à l'aneth 125
Saumon méditerranéen 127
Mélodie de thon 128
Délicieux steaks 129
Saumon aux fines herbes 130
Thon Glacé Fumé 131
Flétan croustillant 132
Thon facile et délicieux 133
Moules O'Marina 134
Rôti de boeuf méditerranéen cuit lentement 135
Bœuf méditerranéen mijoté aux artichauts 137
Rôti maigre de style méditerranéen cuit lentement 139
Pain de viande à la mijoteuse 141
Hoagies au bœuf méditerranéen à la mijoteuse 143
Rôti de Porc Méditerranéen 145
Pizza au boeuf 147
Boulettes de boeuf et boulgour 150
Bœuf et brocoli savoureux 152
Chili au boeuf et au maïs 153

Plat de boeuf balsamique	154
Rôti de boeuf à la sauce soja	156
Rôti de boeuf au romarin	158
Côtes de porc et sauce tomate	160
Poulet sauce aux câpres	161
Burger de dinde avec salsa à la mangue	163
Poitrine De Dinde Rôtie Aux Herbes	165
Saucisse de poulet et pepperoni	167
Poulet Piccata	169
Poulet toscan dans une casserole	171
Poulet Kapama	173
Poitrines de poulet farcies aux épinards et fromage feta	175
Cuisses De Poulet Rôties Au Romarin	177
Poulet aux oignons, pommes de terre, figues et carottes	178
Poulet et Tzatziki	180
Moussaka	182
Filet mignon de porc de Dijon aux herbes	184
Steak avec sauce aux champignons et vin rouge	186
Boulettes de viande à la grecque	189
Agneau aux haricots verts	191
Poulet sauce tomate et sauce balsamique	193
Salade de riz brun avec fromage feta, petits pois frais et menthe	195
Pain Pita Intégral Farci Aux Olives Et Pois Chiches	197
Carottes Rôties aux Noix et Haricots Cannellini	199
Poulet au beurre assaisonné	201
Double poulet avec bacon et fromage	203
Crevettes au Citron et Poivre	205

Flétan pané et épicé 207

Curry de saumon à la moutarde 209

Saumon en croûte de noix et romarin 210

Spaghetti rapide aux tomates 212

Crêpes au sarrasin et au babeurre 214

Pain doré aux amandes et compote de pêches 215

Flocons d'avoine aux baies avec crème douce à la vanille 217

Smoothie d'été 219

Pitas au jambon et aux œufs 220

Pizza au quinoa

Temps de préparation : 15 minutes

Temps de cuisson: 30 minutes

Portions : 4

Niveau de difficulté : facile

Ingrédients:

- 1 tasse de quinoa cru
- 2 gros œufs
- ½ oignon moyen, coupé en dés
- 1 tasse de poivron en dés
- 1 tasse de mozzarella râpée
- 1 cuillère à soupe de basilic séché
- 1 cuillère à soupe d'origan séché
- 2 cuillères à café de poudre d'ail
- 1/8 cuillère à café de sel
- 1 cuillère à café de poivrons rouges hachés
- ½ tasse de poivron rouge rôti, haché*
- Sauce à pizza, environ 1-2 tasses

Les indications:

Préchauffer le four à 350oF. Cuire le quinoa selon les instructions. Mélanger tous les ingrédients (sauf la sauce) dans le bol. Bien mélanger tous les ingrédients.

Verser uniformément le mélange à pizza au quinoa dans le moule à muffins. Donne 12 muffins. Cuire au four pendant 30 minutes jusqu'à ce que les muffins soient dorés et que les bords soient croustillants.

Garnir de 1 à 2 cuillères à soupe de sauce à pizza et déguster !

Nutrition (pour 100g):303 calories 6,1 g de matières grasses 41,3 g de glucides 21 g de protéines 694 mg de sodium

Pain au romarin et aux noix

Temps de préparation : 5 minutes

Temps de cuisson: 45 minutes

Portions : 8

Niveau de difficulté : difficile

Ingrédients:

- ½ tasse de noix hachées
- 4 cuillères à soupe de romarin frais haché
- 1 1/3 tasse d'eau gazeuse tiède
- 1 cuillère à soupe de miel
- ½ tasse d'huile d'olive extra vierge
- 1 cuillère à café de vinaigre de cidre de pomme
- 3 oeufs
- 5 cuillères à café de granulés de levure sèche instantanée
- 1 cuillère à café de sel
- 1 cuillère à soupe de gomme xanthane
- ¼ tasse de babeurre en poudre
- 1 tasse de farine de riz blanc
- 1 tasse de fécule de tapioca
- 1 tasse de fécule d'arrow-root
- 1 ¼ tasse de mélange de farine tout usage sans gluten de Bob's Red Mill

Les indications:

Dans un grand bol, bien fouetter les oeufs. Ajouter 1 tasse d'eau chaude, le miel, l'huile d'olive et le vinaigre.

En continuant de battre, incorporer le reste des ingrédients sauf le romarin et les noix.

Continuez à battre. Si la pâte est trop compacte, l'incorporer à un peu d'eau tiède. La pâte doit être hirsute et épaisse.

Ajouter ensuite le romarin et les noix continuer à pétrir jusqu'à ce qu'elles soient uniformément réparties.

Couvrez le bol de pâte avec un torchon propre, placez-le dans un endroit chaud et laissez-le lever pendant 30 minutes.

Quinze minutes après le début de la montée, préchauffez le four à 400oF.

Graisser généreusement un four hollandais de 2 pintes avec de l'huile d'olive et préchauffer à l'intérieur du four sans couvercle.

Une fois que la pâte a fini de lever, retirez la casserole du four et placez la pâte à l'intérieur. À l'aide d'une spatule humide, étalez uniformément le dessus des pâtes dans la casserole.

Badigeonner le dessus du pain avec 2 cuillères à soupe d'huile d'olive, couvrir le four hollandais et cuire au four pendant 35 à 45 minutes. Une fois le pain cuit, sortez-le du four. Et retirez délicatement le pain de la marmite. Laisser refroidir le pain au moins dix minutes avant de le trancher. Servir et déguster.

Nutrition (pour 100g): 424 calories 19 g de matières grasses 56,8 g de glucides 7 g de protéines 844 mg de sodium

Délicieux sandwichs au crabe

Temps de préparation : 5 minutes

Temps de cuisson: 10 minutes

Portions : 4

Niveau de difficulté : facile

Ingrédients:

- 1 cuillère à soupe d'huile d'olive
- Pain français divisé et tranché en diagonale
- 1 livre de crabe aux crevettes
- ½ tasse de céleri
- ¼ tasse d'oignon vert haché
- 1 cuillère à café de sauce Worcestershire
- 1 cuillère à café de jus de citron
- 1 cuillère à soupe de moutarde de Dijon
- ½ tasse de mayonnaise légère

Les indications:

Dans un bol moyen, bien mélanger les éléments suivants : céleri, oignon, Worcestershire, jus de citron, moutarde et mayonnaise. Assaisonner de poivre et de sel. Ajouter ensuite délicatement les amandes et les crabes.

Verser l'huile d'olive sur les côtés des tranches de pain et tartiner avec le mélange de crabe avant de garnir d'une autre tranche de pain.

Griller le sandwich dans une presse à panini jusqu'à ce que le pain soit croustillant et froissé.

Nutrition (pour 100g): 248 calories 10,9 g de matières grasses 12 g de glucides 24,5 g de protéines 845 mg de sodium

Pizzas parfaites

Temps de préparation : 35 minutes

Temps de cuisson: 15 minutes

Portions : 10

Niveau de difficulté : difficile

Ingrédients:

- <u>Pour la pâte à pizza :</u>
- 2 cuillères à café de miel
- 1/4 oz. levure sèche active
- 11/4 tasses d'eau chaude (environ 120°F)
- 2 cuillères à soupe d'huile d'olive
- 1 cuillère à café de sel de mer
- 3 tasses de farine de blé entier + 1/4 tasse, au besoin pour rouler
- <u>Pour la garniture de pizza :</u>
- 1 tasse de pesto
- 1 tasse de coeurs d'artichauts
- 1 tasse de feuilles d'épinards fanées
- 1 tasse de tomates séchées au soleil
- 1/2 tasse d'olives Kalamata
- 125 grammes. feta
- 125 grammes. fromage mélangé à parts égales mozzarella faible en gras, asiago et huile d'olive provola

- <u>Add-ons de sceau en option :</u>
- Poivre
- Poitrine de poulet, lanières Basilic frais
- pignons de pin

Les indications:

Pour la pâte à pizza :

Préchauffer le four à 350°F.

Mélanger le miel et la levure avec l'eau tiède dans le batteur sur socle avec un accessoire à pâte. Mélanger le mélange jusqu'à ce qu'il soit complètement combiné. Laisser reposer le mélange 5 minutes pour assurer l'activité de la levure par l'apparition de bulles en surface.

Versez l'huile d'olive. Ajouter le sel et mélanger pendant une demi-minute. Ajouter graduellement 3 tasses de farine, environ une demi-tasse à la fois, en remuant pendant quelques minutes entre chaque ajout.

Laissez le batteur sur socle pétrir le mélange pendant 10 minutes jusqu'à ce qu'il soit lisse et élastique, en le saupoudrant de farine aussi souvent que nécessaire pour empêcher la pâte de coller aux surfaces du bol du batteur sur socle.

Sortez la pâte du bol. Laisser reposer 15 minutes, recouvert d'un torchon chaud et humide.

Abaisser la pâte à une épaisseur d'un demi-pouce, en la saupoudrant de farine au besoin. Faire des trous dans la pâte sans discernement à l'aide d'une fourchette pour éviter que la croûte ne bouillonne.

Placer la pâte perforée et roulée sur une pierre à pizza ou une plaque à pâtisserie. Cuire pendant 5 minutes.

Pour la garniture de pizza :

Badigeonnez légèrement la pâte à pizza cuite d'huile d'olive.

Verser sur le pesto et étaler uniformément sur la surface de la pâte à pizza, en laissant un espace d'un demi-pouce autour du bord comme la croûte.

Garnir la pizza de cœurs d'artichauts, de feuilles d'épinards fanées, de tomates séchées et d'olives. (Garnir avec plus d'ajouts, si désiré.) Couvrir le dessus avec le fromage.

Placez la pizza directement sur la grille du four. Cuire au four pendant 10 minutes jusqu'à ce que le fromage bouillonne et fonde du centre vers le bas. Laisser refroidir la pizza pendant 5 minutes avant de la trancher.

Nutrition (pour 100g): 242,8 calories 15,1 g de lipides 15,7 g de glucides 14,1 g de protéines 942 mg de sodium

Marguerite méditerranéenne

Temps de préparation : 15 minutes

Temps de cuisson: 15 minutes

Portions : 10

Niveau de difficulté : difficile

Ingrédients:

- 1 lot de pâte à pizza
- 2 cuillères à soupe d'huile d'olive
- 1/2 tasse de tomates concassées
- 3 tomates Roma, coupées en tranches de 1/4 de pouce d'épaisseur
- 1/2 tasse de feuilles de basilic frais, tranchées finement
- 6 onces de mozzarella en bloc, coupées en tranches de 1/4 de pouce, asséchées avec du papier absorbant
- 1/2 cuillère à café de sel de mer

Les indications:

Préchauffer le four à 450°F.

Badigeonnez légèrement la pâte à pizza d'huile d'olive. Étalez soigneusement les tomates broyées sur la coquille de la pizza, en laissant un espace d'un demi-pouce autour du bord comme croûte.

Garnir la pizza avec les tranches de tomates Roma, les feuilles de basilic et les tranches de mozzarella. Saupoudrer la pizza de sel.

Transférer la pizza directement sur la grille du four. Cuire jusqu'à ce que le fromage soit fondu du centre à la croûte. Réserver avant de trancher.

Nutrition (pour 100g): 251 Calories 8g Lipides 34g Glucides 9g Protéines 844mg Sodium

Frittata Remplie De Courgettes Épicées Et Garnitures De Tomates

Temps de préparation : 10 minutes

Temps de cuisson: 15 minutes

Portions : 4

Niveau de difficulté : facile

Ingrédients:

- 8 morceaux d'œufs
- 1/4 cuillère à café de poivron rouge, écrasé
- 1/4 cuillère à café de sel
- 1 cuillère à soupe d'huile d'olive
- 1 morceau de petite courgette, tranché finement dans le sens de la longueur
- 1/2 tasse de tomates cerises rouges ou jaunes, coupées en deux
- 1/3 tasse de noix, hachées grossièrement
- 2 oz. petits morceaux de mozzarella fraîche

Les indications:

Préchauffez le gril. Pendant ce temps, fouetter ensemble les œufs, le poivron rouge broyé et le sel dans un bol de taille moyenne. Mettre à part.

Dans une poêle de 10 pouces allant au gril à feu moyen-vif, chauffer l'huile d'olive. Disposez les tranches de courgettes en une couche uniforme au fond du moule. Cuire 3 minutes en les retournant une fois à mi-cuisson.

Couvrir la couche de courgettes avec les tomates cerises. Verser le mélange d'œufs sur les légumes dans la poêle. Garnir avec les noix et les boules de mozzarella.

Passer à feu moyen. Cuire jusqu'à ce que les côtés commencent à prendre. À l'aide d'une spatule, soulever l'omelette pour laisser glisser en dessous les portions non cuites du mélange d'œufs.

Mettez la poêle sur le gril. Cuire l'omelette à 4 pouces du feu pendant 5 minutes jusqu'à ce que le dessus soit pris. Pour servir, coupez l'omelette en pointes.

Nutrition (pour 100g): 284 calories 14 g de matières grasses 4 g de glucides 17 g de protéines 788 mg de sodium

Pain à la crème sure aux bananes

Temps de préparation : 10 minutes

Temps de cuisson: 1 heure et 10 minutes

Portions : 32

Niveau de difficulté : moyen

Ingrédients:

- Sucre blanc (.25 tasse)
- Cannelle (1 cuillère à café + 2 cuillères à café)
- Beurre (0.75)
- Sucre blanc (3 tasses)
- Oeufs (3)
- Bananes bien mûres, écrasées (6)
- Crème sure (contenant de 16 oz)
- Extrait de vanille (2 cuillères à café)
- Sel (0,5 cuillère à café)
- Bicarbonate de soude (3 cuillères à café)
- Farine tout usage (4,5 tasses)
- Facultatif : noix hachées (1 tasse)
- Aussi nécessaire : 4 plats de 7 x 3 pouces

Les indications:

Réglez le four pour atteindre 300° Fahrenheit. Graisser les moules à pain.

Tamiser le sucre et une cuillère à café de cannelle. Saupoudrer la poêle avec le mélange.

Fouetter le beurre avec le reste du sucre. Écrasez les bananes avec les œufs, la cannelle, la vanille, la crème sure, le sel, le bicarbonate de soude et la farine. Jetez les noix en dernier.

Verser le mélange dans les moules. Faites-le cuire pendant une heure. Servir

Nutrition (pour 100g): 263 calories 10,4 g de lipides 9 g de glucides 3,7 g de protéines 633 mg de sodium

Pain pita maison

Temps de préparation : 15 minutes

Temps de cuisson: 5 heures (y compris les temps de levée)

Portions : 7

Niveau de difficulté : difficile

Ingrédients:

- Levure sèche (0,25 oz)
- Sucre (0,5 cuillère à café)
- Farine à pain/tout usage, mélange de blé entier (2,5 tasses ou plus pour saupoudrer)
- Sel (0,5 cuillère à café)
- Eau (0,25 tasse ou au besoin)
- assez d'huile

Les indications:

Dissoudre la levure et le sucre dans ¼ de tasse d'eau tiède dans un petit bol à mélanger. Attendre environ 15 minutes (prêt quand mousseux).

Dans un autre récipient, tamisez la farine et le sel. Faire un trou au centre et ajouter le mélange de levure (+) à une tasse d'eau. Pétrir la pâte.

Placez-le sur une surface légèrement farinée et pétrissez.

Mettez un filet d'huile au fond d'un grand bol et étalez la pâte jusqu'à ce qu'elle recouvre la surface.

Placez un torchon humide sur le récipient de mélange. Enveloppez le bol dans un chiffon humide et placez-le dans un endroit chaud pendant au moins deux heures ou toute la nuit. (La pâte va doubler de volume).

Écrasez la pâte et pétrissez le pain et divisez-le en boules. Aplatir les boules en disques ovales épais.

Saupoudrez un torchon de farine et placez les disques ovales dessus en laissant suffisamment d'espace pour qu'ils puissent s'étendre entre eux. Saupoudrez de farine et placez un autre chiffon propre dessus. Laisser lever encore une heure ou deux.

Réglez le four à 425° Fahrenheit. Placer plusieurs plaques au four pour chauffer brièvement. Graissez légèrement les plaques chauffantes avec de l'huile et placez-y les disques de pain ovales.

Saupoudrer légèrement les ovales d'eau et cuire jusqu'à ce qu'ils soient légèrement dorés, ou pendant six à huit minutes.

Servez-les pendant qu'ils sont chauds. Disposez les petits pains sur une grille et enveloppez-les dans un torchon propre et sec pour les garder moelleux pour plus tard.

Nutrition (pour 100g): 210 Calories 4g Lipides 6g Glucides 6g Protéines 881mg Sodium

Sandwichs avec focaccia

Temps de préparation : 10 minutes

Temps de cuisson: 20 minutes

Portions : 6

Niveau de difficulté : facile

Ingrédients:

- Huile d'olive (1 cuillère à soupe)
- Pilaf à 7 grains (paquet de 8,5 oz)
- Concombre anglais sans pépins (1 tasse)
- Graines de tomates (1 tasse)
- Fromage feta émietté (.25 tasse)
- Jus de citron frais (2 cuillères à soupe)
- Poivre noir fraîchement concassé (0,25 cuillère à café)
- Houmous nature (contenant de 7 oz)
- Wraps de pain plat blanc à grains entiers (3 de 2,8 oz chacun)

Les indications:

Cuire le pilaf comme indiqué sur les instructions sur le paquet et laisser refroidir.

Hachez et mélangez la tomate, le concombre, le fromage, l'huile, le poivre et le jus de citron. Incorporer le pilaf.

Préparez les wraps avec du houmous d'un côté. Ajouter le pilaf et plier.

Couper en un petit pain et servir.

Nutrition (pour 100g): 310 Calories 9g Lipides 8g Glucides 10g Protéines 745mg Sodium

Assiette avec pain pita zaatar grillé

Temps de préparation : 10 minutes

Temps de cuisson: 10 minutes

Portions : 4

Niveau de difficulté : moyen

Ingrédients:

- Tranches de pita complet (4)
- Huile d'olive (4 cuillères à soupe)
- Zaatar (4 cuillères à café)
- Yogourt grec (1 tasse)
- Poivre noir et sel kasher (selon votre goût)
- Houmous (1 tasse)
- Coeurs d'artichauts marinés (1 tasse)
- Olives assorties (2 tasses)
- Tranches de poivrons rouges rôtis (1 tasse)
- Tomates cerises (2 tasses)
- Salami (4 onces)

Les indications:

Utilisez un feu moyen-élevé pour chauffer une grande poêle.

Graisser légèrement le pita avec de l'huile de chaque côté et ajouter le zaatar pour l'assaisonnement.

Préparez par lots en ajoutant le pita dans une poêle et en le faisant griller jusqu'à ce qu'il soit doré. Cela devrait prendre environ deux minutes de chaque côté. Couper chacun des pains plats en quartiers.

Assaisonnez le yaourt avec du poivre et du sel.

Pour assembler, divisez les pommes de terre et ajoutez le houmous, le yogourt, les cœurs d'artichauts, les olives, les poivrons rouges, les tomates et le salami.

Nutrition (pour 100g): 731 Calories 48g Lipides 10g Glucides 26g Protéines 632mg Sodium

Mini shawarma au poulet

Temps de préparation : 10 minutes

Temps de cuisson: 1 heure et 15 minutes

Portions : 8

Niveau de difficulté : facile

Ingrédients:

- <u>Poulet:</u>
- Filets de poulet (1 lb)
- Huile d'olive (.25 tasse)
- Citron - zeste et jus (1)
- Cumin (1 cuillère à café)
- Poudre d'ail (2 cuillères à café)
- Paprika fumé (0,5 cuillère à café)
- Coriandre (0,75 cuillère à café)
- Poivre noir fraîchement moulu (1 cuillère à café)
- <u>La sauce:</u>
- Yogourt grec (1,25 tasse)
- Jus de citron (1 cuillère à soupe)
- gousse d'ail râpée (1)
- Aneth fraîchement haché (2 cuillères à soupe)
- Poivre noir (0,125 cuillère à café / au goût)
- Sel casher (au goût)
- Persil frais haché (.25 tasse)
- Oignon rouge (la moitié de 1)

- Laitue romaine (4 feuilles)
- Concombre anglais (la moitié de 1)
- Tomates (2)
- Mini pitas (16)

Les indications:

Placer le poulet dans un sac à fermeture éclair. Fouetter les parures de poulet et les ajouter au sac pour les faire mariner jusqu'à une heure.

Préparez la sauce en mélangeant le jus, l'ail et le yogourt dans un bol à mélanger. Incorporer l'aneth, le persil, le poivre et le sel. Mettre au réfrigérateur.

Chauffez une poêle en utilisant le réglage de chaleur à moyen. Transférer le poulet de la marinade (laisser l'excédent s'égoutter).

Cuire jusqu'à ce qu'ils soient bien cuits ou environ quatre minutes de chaque côté. Coupez-le en petites lanières.

Trancher finement le concombre et l'oignon. Râper la laitue et hacher les tomates. Assembler et ajouter aux focaccias : le poulet, la laitue, l'oignon, la tomate et le concombre.

Nutrition (pour 100g): 216 Calories 16g Lipides 9g Glucides 9g Protéines 745mg Sodium

Pizza aux aubergines

Temps de préparation : 10 minutes

Temps de cuisson: 30 minutes

Portions : 6

Niveau de difficulté : moyen

Ingrédients:

- Aubergines (1 grosse ou 2 moyennes)
- Huile d'olive (.33 tasse)
- Poivre noir et sel (au goût)
- Sauce Marinara - Achetée en magasin/Fait maison (1,25 tasse)
- mozzarella râpée (1,5 tasse)
- Tomates cerises (2 tasses - coupées en deux)
- Feuilles de basilic déchirées (.5 tasse)

Les indications:

Chauffer le four jusqu'à ce qu'il atteigne 400° Fahrenheit. Préparez le moule avec une couche de papier cuisson.

Coupez les extrémités / extrémités des aubergines et coupez-les en tranches d'un pouce. Disposez les tranches sur la pâte préparée et badigeonnez les deux côtés d'huile d'olive. Saupoudrer de poivre et de sel selon votre goût.

Rôtir les aubergines jusqu'à ce qu'elles soient tendres (10 à 12 min.).

Sortir le plat du four et verser deux cuillères à soupe de sauce sur chaque section. Garnir de mozzarella et de trois à cinq morceaux de tomates sur le dessus.

Cuire jusqu'à ce que le fromage soit fondu. Les tomates devraient commencer à boursoufler dans environ cinq à sept minutes de plus.

Cuire le moule. Servir et garnir de basilic.

Nutrition (pour 100g): 257 Calories 20g Lipides 11g Glucides 8g Protéines 789mg Sodium

Pizza Méditerranéenne Complète

Temps de préparation : 10 minutes

Temps de cuisson: 25 minutes

Portions : 4

Niveau de difficulté : facile

Ingrédients:

- Pâte à pizza complète (1)
- Pesto au basilic (pot de 4 onces)
- Coeurs d'artichauts (.5 tasse)
- Olives Kalamata (2 cuillères à soupe)
- Pepperoncini (2 cuillères à soupe égouttées)
- Feta (.25 tasse)

Les indications:

Programmez le four à 450° Fahrenheit.

Égouttez et coupez les artichauts en morceaux. Trancher/hacher les piments et les olives.

Disposez la pâte à pizza sur un plan de travail fariné et nappez-la de pesto. Disposez les artichauts, les tranches de poivron rouge et les olives sur la pizza. Enfin, émiettez et ajoutez la feta.

Cuire au four pendant 10-12 minutes. Servir.

Nutrition (pour 100g): 277 calories 18,6 g de matières grasses 8 g de glucides 9,7 g de protéines 841 mg de sodium

Pita aux épinards et feta au four

Temps de préparation : 5 minutes

Temps de cuisson: 22 minutes

Portions : 6

Niveau de difficulté : difficile

Ingrédients:

- Pesto de tomates séchées au soleil (pot de 6 oz)
- Roma - tomates cerises (2 hachées)
- Pain pita de grains entiers (six 6 pouces)
- Épinards (1 botte)
- Champignons (4 tranchés)
- Parmesan râpé (2 cuillères à soupe)
- Fromage feta émietté (0,5 tasse)
- Huile d'olive (3 cuillères à soupe)
- Poivre noir (au goût)

Les indications:

Réglez le four à 350° Fahrenheit.

Badigeonner de pesto un côté de chaque pain pita et disposer sur une plaque à pâtisserie (côté pesto vers le haut).

Rincer et hacher les épinards. Garnir les focaccias d'épinards, de champignons, de tomates, de feta, de poivre, de parmesan, de poivre et d'un filet d'huile.

Cuire à four chaud jusqu'à ce que le pain pita soit croustillant (12 min). Couper les pains en quartiers.

Nutrition (pour 100g): 350 Calories 17,1 g de matières grasses 9 g de glucides 11,6 g de protéines 712 mg de sodium

Pizza feta pastèque et balsamique

Temps de préparation : 10 minutes

Temps de cuisson: 15 minutes

Portions : 4

Niveau de difficulté : facile

Ingrédients:

- Pastèque (1 pouce d'épaisseur à partir du centre)
- Fromage feta émietté (1 once)
- Olives Kalamata tranchées (5-6)
- Feuilles de menthe (1 cuillère à café)
- Glaçage balsamique (0,5 cuillère à soupe)

Les indications:

Coupez la partie la plus large de la pastèque en deux. Ensuite, coupez chaque moitié en quatre quartiers.

Servir sur un moule à gâteau rond comme une pizza ronde et recouvrir avec les olives, le fromage, les feuilles de menthe et le glaçage.

Nutrition (pour 100g): 90 Calories 3g Lipides 4g Glucides 2g Protéines 761mg Sodium

Burger aux épices mélangées

Temps de préparation : 10 minutes

Temps de cuisson: 30 minutes

Portions : 6

Niveau de difficulté : moyen

Ingrédients:

- Oignon moyen (1)
- Persil frais (3 cuillères à soupe)
- gousse d'ail (1)
- Piment de la Jamaïque moulu (0,75 cuillère à café)
- Poivre (0,75 cuillère à café)
- Noix de muscade moulue (0,25 cuillère à café)
- Cannelle (0,5 cuillère à café)
- Sel (0,5 cuillère à café)
- Menthe fraîche (2 cuillères à soupe)
- Bœuf haché maigre à 90 % (1,5 lb)
- Facultatif : sauce tzatziki froide

Les indications:

Hacher/hacher finement le persil, la menthe, l'ail et les oignons.

Incorporer la muscade, le sel, la cannelle, le poivre, le piment de la Jamaïque, l'ail, la menthe, le persil et l'oignon.

Ajouter le bœuf et préparer six (6) galettes oblongues de 2 x 4 pouces.

Utilisez un feu moyen pour griller les boulettes de viande ou faites-les griller à quatre pouces du feu pendant 6 minutes de chaque côté.

Quand ils auront terminé, le thermomètre à viande enregistrera 160° Fahrenheit. Servir avec de la sauce si désiré.

Nutrition (pour 100g): 231 Calories 9g Lipides 10g Glucides 32g Protéines 811mg Sodium

Sandwiches Jambon - Laitue - Tomate et Avocat

Temps de préparation : 10 minutes
Temps de cuisson: 10 minutes
Portions : 4
Niveau de difficulté : facile

Ingrédients:

- Jambon (2 oz/8 tranches fines)
- Avocat mûr (1 coupé en deux)
- Laitue romaine (4 feuilles entières)
- Grosse tomate mûre (1)
- Tranches de pain bis ou complet (8)
- Poivre noir et sel kasher (0,25 cuillère à café)

Les indications:

Couper les feuilles de laitue en huit morceaux (total). Couper la tomate en huit rondelles. Faire griller le pain et le mettre dans une assiette.

Grattez la pulpe d'avocat de la peau et mélangez-la dans un bol à mélanger. Saupoudrer légèrement de poivre et de sel. Fouettez ou écrasez doucement l'avocat jusqu'à ce qu'il soit crémeux. Répartir sur le pain.

Préparer un sandwich. Prenez une tranche de pain grillé à l'avocat; garnir d'une feuille de laitue, d'une tranche de jambon et d'une tranche de tomate. Compléter avec une autre tranche de tomate laitue et continuer.

Répétez le processus jusqu'à ce que tous les ingrédients soient utilisés.

Nutrition (pour 100g): 240 Calories 9g Lipides 8g Glucides 12g Protéines 811mg Sodium

Gâteau aux épinards

Temps de préparation : 10 minutes

Temps de cuisson: 60 minutes

Portions : 6

Niveau de difficulté : moyen

Ingrédients:

- Beurre fondu (0,5 tasse)
- Épinards surgelés (10 oz. Pkg.)
- Persil frais (0,5 tasse)
- Oignons verts (0,5 tasse)
- Aneth frais (0,5 tasse)
- Fromage feta émietté (0,5 tasse)
- Fromage à la crème (4 oz)
- Fromage cottage (4 oz)
- Parmesan (2 cuillères à soupe - râpé)
- gros oeufs (2)
- Poivre et sel (au goût)
- Pâte filo (40 feuilles)

Les indications:

Chauffer le réglage du four à 350° Fahrenheit.

Hacher/émincer les oignons, l'aneth et le persil. Décongeler les épinards et les feuilles de pâtes. Essuyez les épinards en les pressant.

Mélanger les épinards, les échalotes, les œufs, les fromages, le persil, l'aneth, le poivre et le sel dans un mélangeur jusqu'à consistance crémeuse.

Préparez les petits triangles de pâte filo en les remplissant d'une cuillère à café du mélange d'épinards.

Badigeonnez légèrement l'extérieur des triangles de beurre et disposez-les couture vers le bas sur une plaque à pâtisserie non graissée.

Faites-les cuire dans le four chaud jusqu'à ce qu'ils soient dorés et gonflés (20-25 min.). Servir chaud.

Nutrition (pour 100g): 555 calories 21,3 g de matières grasses 15 g de glucides 18,1 g de protéines 681 mg de sodium

Hamburger de poulet à la féta

Temps de préparation : 10 minutes

Temps de cuisson: 30 minutes

Portions : 6

Niveau de difficulté : moyen

Ingrédients:

- ¼ tasse de mayonnaise allégée
- ¼ tasse de concombre finement haché
- ¼ cuillère à café de poivre noir
- 1 cuillère à café d'ail en poudre
- ½ tasse de poivron rouge rôti haché
- ½ cuillère à café d'assaisonnement grec
- 1,5 livre de poulet haché maigre
- 1 tasse de fromage feta émietté
- 6 pains à burger complets

Les indications:

Préchauffez le gril au four à l'avance. Mélanger la mayonnaise et le concombre. Mettre à part.

Mélanger chaque assaisonnement et chili pour les hamburgers. Bien mélanger le poulet et le fromage. Façonner le mélange en galettes de 6 1/2 pouces d'épaisseur.

Faites cuire les hamburgers dans un gril et placez-les à environ quatre pouces de la source de chaleur. Cuire jusqu'à ce que le thermomètre atteigne 165° Fahrenheit.

Servir avec des petits pains et de la sauce au concombre. Garnir de tomates et de laitue si désiré et servir.

Nutrition (pour 100g):356 Calories 14g Lipides 10g Glucides 31g Protéines 691mg Sodium

Rôti de porc pour tacos

Temps de préparation : 10 minutes

Temps de cuisson: 1 heure et 15 minutes

Portions : 6

Niveau de difficulté : moyen

Ingrédients:

- Épaule de porc rôtie (4 lb)
- Piments verts coupés en dés (boîtes de 2 à 4 oz)
- Chili en poudre (0,25 tasse)
- Origan séché (1 cuillère à café)
- Assaisonnement pour tacos (1 cuillère à café)
- Ail (2 cuillères à café)
- Sel (1,5 cuillères à café ou au choix)

Les indications:

Réglez le four pour atteindre 300° Fahrenheit.

Déposer le rôti sur une grande feuille de papier d'aluminium.

Égouttez les poivrons. Hacher l'ail.

Mélanger les piments verts, l'assaisonnement pour tacos, la poudre de chili, l'origan et l'ail. Frotter le mélange sur le rôti et couvrir d'une couche de papier d'aluminium.

Placez le porc enveloppé sur une grille sur une plaque à pâtisserie pour attraper tout déversement.

Faites-le cuire pendant 3,5 à 4 heures dans le four chaud jusqu'à ce qu'il se désagrège. Cuire jusqu'à ce que le centre atteigne au moins 145 ° Fahrenheit lorsqu'il est testé avec un thermomètre à viande (température à cœur).

Transférer le rôti sur une planche à découper pour le déchiqueter en petits morceaux à l'aide de deux fourchettes. Assaisonnez-le au goût.

Nutrition (pour 100g): 290 calories 17,6 g de matières grasses 12 g de glucides 25,3 g de protéines 471 mg de sodium

Tarte italienne aux pommes à l'huile d'olive

Temps de préparation : 10 minutes
Temps de cuisson: 1 heure et 10 minutes
Portions : 12
Niveau de difficulté : moyen

Ingrédients:

- Pommes Gala (2 grosses)
- Jus d'orange - pour tremper les pommes
- Farine tout usage (3 tasses)
- Cannelle moulue (0,5 cuillère à café)
- Noix de muscade (0,5 cuillère à café)
- Levure en poudre (1 cuillère à café)
- Bicarbonate de sodium (1 cuillère à café)
- Sucre (1 tasse)
- Huile d'olive (1 tasse)
- gros oeufs (2)
- Raisins secs dorés (.66 tasse)
- Sucre glace - pour saupoudrer
- Aussi nécessaire : une plaque à pâtisserie de 9 pouces

Les indications:

Peler et hacher finement les pommes. Arrosez les pommes avec juste assez de jus d'orange pour les empêcher de noircir.

Faire tremper les raisins secs dans de l'eau tiède pendant 15 minutes et bien les égoutter.

Tamiser le bicarbonate de soude, la farine, la levure chimique, la cannelle et la muscade. Mettez-le de côté pour l'instant.

Verser l'huile d'olive et le sucre dans le bol d'un batteur sur socle. Remuer à feu doux pendant 2 minutes ou jusqu'à ce que le tout soit bien mélangé.

Mixez-les en courant, cassez les œufs un à un et continuez à mélanger pendant 2 minutes. Le mélange doit augmenter de volume; il doit être épais et non liquide.

Bien mélanger tous les ingrédients. Faire un trou au centre du mélange de farine et ajouter le mélange olive-sucre.

Retirer l'excédent de jus des pommes et égoutter les raisins secs qui ont été trempés. Ajoutez-les à la pâte en mélangeant bien.

Préparez le moule avec du papier sulfurisé. Déposez la pâte sur le moule et nivelez-la avec le dos d'une cuillère en bois.

Cuire au four pendant 45 minutes à 350° Fahrenheit.

Lorsqu'il est prêt, retirez le gâteau du papier sulfurisé et placez-le sur une assiette de service. Saupoudrer de sucre glace. Faire chauffer du miel noir pour garnir la surface.

Nutrition (pour 100g): 294 Calories 11 g Lipides 9 g Glucides 5,3 g Protéines 691 mg Sodium

Tilapia rapide avec oignon rouge et avocat

Temps de préparation : 10 minutes
Temps de cuisson: Cinq minutes
Portions : 4
Niveau de difficulté : moyen

Ingrédients:

- 1 cuillère à soupe d'huile d'olive extra vierge
- 1 cuillère à soupe de jus d'orange fraîchement pressé
- ¼ cuillère à café casher ou sel de mer
- 4 (4 onces) filets de tilapia, plus oblongs que carrés, peau ou peau sur
- ¼ tasse d'oignon rouge haché
- 1 avocat

Les indications:

Dans un moule à gâteau en verre de 9 pouces, mélanger l'huile, le jus d'orange et le sel. Travaillez les filets en même temps, placez-les chacun dans la poêle et couvrez-les de tous les côtés. Former les filets en forme de roue de chariot. Garnir chaque filet avec 1 cuillère à soupe d'oignon, puis replier l'extrémité saillante du filet à mi-chemin sur le bord au-dessus de l'oignon. Une fois terminé, vous devriez avoir 4 filets mignons pliés avec le pli contre le bord extérieur du plat et les extrémités toutes au centre.

Enveloppez le plat dans du plastique, laissez une petite partie ouverte sur le bord pour que la vapeur s'échappe. Cuire à feu vif environ 3 minutes au micro-ondes. Lorsqu'il est prêt, il doit se séparer en flocons (morceaux) lorsqu'il est pressé doucement avec une fourchette. Garnir les filets d'avocat et servir.

Nutrition (pour 100g): 200 calories 3 g de matières grasses 4 g de glucides 22 g de protéines 811 mg de sodium

Poisson grillé au citron

Temps de préparation : 10 minutes

Temps de cuisson: 10 minutes

Portions : 4

Niveau de difficulté : difficile

Ingrédients:

- 4 (4 onces) filets de poisson
- Aérosol de cuisson antiadhésif
- 3 à 4 citrons moyens
- 1 cuillère à soupe d'huile d'olive extra vierge
- ¼ cuillère à café de poivre noir fraîchement moulu
- ¼ cuillère à café casher ou sel de mer

Les indications:

À l'aide de papier absorbant, essuyez les filets et laissez-les reposer à température ambiante pendant 10 minutes. Pendant ce temps, enduisez la grille de cuisson froide du gril d'un aérosol de cuisson antiadhésif et préchauffez le gril à 400 °F ou à feu moyen-vif.

Couper un citron en deux et réserver la moitié. Coupez la moitié restante de ce citron et les citrons restants en tranches de ¼ de pouce d'épaisseur. (Vous devriez avoir environ 12 à 16 quartiers de citron.) Dans un petit bol, pressez 1 cuillère à soupe du jus de la moitié de citron réservée.

Ajouter l'huile dans le bol avec le jus de citron et bien mélanger. Enduisez les deux côtés du poisson avec le mélange d'huile et saupoudrez uniformément de poivre et de sel.

Placez délicatement les tranches de citron sur la grille (ou la lèchefrite), en disposant 3 à 4 tranches ensemble en forme de filet de poisson, et répétez avec les tranches restantes. Placer les filets de poisson directement sur les quartiers de citron et griller avec le couvercle fermé. (Si vous faites griller sur la cuisinière, couvrez avec un grand couvercle ou du papier d'aluminium.) Ne retournez le poisson qu'à mi-cuisson si les filets ont plus d'un demi-pouce d'épaisseur. Il est cuit lorsqu'il commence à se séparer en flocons lorsqu'il est légèrement pressé avec une fourchette.

Nutrition (pour 100g): 147 Calories 5g Lipides 1g Glucides 22g Protéines 917mg Sodium

Dîner de poisson poêlé en semaine

Temps de préparation : 10 minutes
Temps de cuisson: 10 minutes
Portions : 4
Niveau de difficulté : moyen

Ingrédients:

- Aérosol de cuisson antiadhésif
- 2 cuillères à soupe d'huile d'olive extra vierge
- 1 cuillère à soupe de vinaigre balsamique
- 4 (4 onces) filets de poisson (½ pouce d'épaisseur)
- 2½ tasses de haricots verts
- 1 pinte de tomates cerises ou de tomates cerises

Les indications:

Préchauffer le four à 400 ° F. Badigeonner deux grandes plaques à pâtisserie à rebords d'un aérosol de cuisson antiadhésif. Dans un petit bol, mélanger l'huile et le vinaigre. Mettre à part. Déposer deux morceaux de poisson sur chaque plaque de cuisson.

Dans un grand bol, mélanger les haricots et les tomates. Verser l'huile et le vinaigre et remuer délicatement pour bien enrober. Déposer la moitié du mélange de haricots verts sur le poisson sur une plaque à pâtisserie et l'autre moitié sur le poisson sur l'autre. Retournez le poisson et frottez-le dans le mélange d'huile pour l'enrober. Disposez les légumes uniformément sur les plaques de cuisson afin que l'air chaud puisse circuler autour d'eux.

Cuire jusqu'à ce que le poisson soit juste opaque. Il est cuit lorsqu'il commence à se séparer en morceaux lorsqu'on le pique doucement avec une fourchette.

Nutrition (pour 100g): 193 Calories 8g Lipides 3g Glucides 23g Protéines 811mg Sodium

Bâtonnets de poisson croustillants à la polenta

Temps de préparation : 10 minutes
Temps de cuisson: 15 minutes
Portions : 4
Niveau de difficulté : difficile

Ingrédients:

- 2 gros œufs, légèrement battus
- 1 cuillère à soupe de lait 2%
- 1 livre de filets de poisson pelés coupés en 20 lanières (1 pouce de large)
- ½ tasse de semoule de maïs jaune
- ½ tasse de chapelure panko de blé entier
- ¼ cuillère à café de paprika fumé
- ¼ cuillère à café casher ou sel de mer
- ¼ cuillère à café de poivre noir fraîchement moulu
- Aérosol de cuisson antiadhésif

Les indications:

Placer une grande plaque à pâtisserie à rebords dans le four. Préchauffer le four à 400°F avec la plaque à pâtisserie dedans. Dans un grand bol, mélanger les oeufs et le lait. À l'aide d'une fourchette, ajouter les lanières de poisson au mélange d'œufs et mélanger délicatement pour bien les enrober.

Placez la semoule de maïs, la chapelure, le paprika fumé, le sel et le poivre dans un sac en plastique à fermeture éclair de la taille d'un litre. À l'aide d'une fourchette ou d'une pince, transférez le poisson dans le sac, en laissant l'excédent d'œuf s'égoutter dans le bol avant de le transférer. Fermez hermétiquement et agitez doucement pour enrober complètement chaque bâtonnet de poisson.

En portant des gants de cuisine, retirez délicatement la poêle chaude du four et vaporisez-la d'un aérosol de cuisson antiadhésif. À l'aide d'une fourchette ou d'une pince, sortez les bâtonnets de poisson du sachet et disposez-les sur la plaque chaude en laissant un espace entre eux pour que l'air chaud puisse circuler et les rendre croustillants. Cuire pendant 5 à 8 minutes, jusqu'à ce qu'une légère pression avec une fourchette fasse émietter le poisson et servir.

Nutrition (pour 100g): 256 calories 6 g de matières grasses 2 g de glucides 29 g de protéines 667 mg de sodium

Saumon poêlé

Temps de préparation : 15 minutes

Temps de cuisson: 15 minutes

Portions : 4

Niveau de difficulté : moyen

Ingrédients:

- 1 cuillère à soupe d'huile d'olive extra vierge
- 2 gousses d'ail hachées
- 1 cuillère à café de paprika fumé
- 1 litre de tomates raisins ou cerises, coupées en quartiers
- 1 (12 oz) de poivrons rouges rôtis en conserve
- 1 cuillère à soupe d'eau
- ¼ cuillère à café de poivre noir fraîchement moulu
- ¼ cuillère à café casher ou sel de mer
- 1 livre de filets de saumon, sans peau, coupés en 8 morceaux
- 1 cuillère à soupe de jus de citron fraîchement pressé (de ½ citron moyen)

Les indications:

À feu moyen, faire cuire l'huile dans une poêle. Incorporer l'ail et le paprika fumé et cuire 1 minute en remuant souvent. Incorporer les tomates, les poivrons grillés, l'eau, le poivre noir et le sel. Ajuster le feu à moyen-élevé, porter à ébullition et cuire pendant 3 minutes et écraser les tomates jusqu'à ce que le temps de cuisson soit terminé.

Placer le saumon dans la poêle et arroser un peu de sauce sur le dessus. Couvrir et cuire 10 à 12 minutes (145 °F à l'aide d'un thermomètre à viande) et commencer à se désagréger.

Retirez la casserole du feu et versez le jus de citron sur le poisson. Incorporer la sauce, puis couper le saumon en morceaux. Servir.

Nutrition (pour 100g): 289 calories 13 g de matières grasses 2 g de glucides 31 g de protéines 581 mg de sodium

Burgers toscans au thon et aux courgettes

Temps de préparation : 10 minutes

Temps de cuisson: 30 minutes

Portions : 4

Niveau de difficulté : moyen

Ingrédients:

- 3 tranches de pain de mie complet, grillées
- 2 boîtes (5 oz) de thon à l'huile d'olive
- 1 tasse de courgettes râpées
- 1 gros oeuf, légèrement battu
- ¼ tasse de poivron rouge coupé en dés
- 1 cuillère à soupe d'origan séché
- 1 cuillère à café de zeste de citron
- ¼ cuillère à café de poivre noir fraîchement moulu
- ¼ cuillère à café casher ou sel de mer
- 1 cuillère à soupe d'huile d'olive extra vierge
- Salade ou 4 wraps de blé entier, pour servir (facultatif)

Les indications:

Émiettez le pain grillé dans la chapelure avec vos doigts (ou utilisez un couteau pour couper en cubes de ¼ de pouce) jusqu'à ce que vous ayez 1 tasse de chapelure lâche. Verser la chapelure dans un grand bol. Ajouter le thon, les courgettes, l'œuf, le poivre, l'origan, le zeste de citron, le poivre noir et le sel. Bien mélanger à la fourchette. Diviser le mélange en quatre galettes (environ la taille de ½ tasse). Placer sur une assiette et presser chaque galette jusqu'à ce qu'elle soit d'env. Au pouce.

À feu moyen-élevé, faire cuire l'huile dans une poêle. Ajouter les boulettes de viande à l'huile chaude, puis baisser le feu à moyen. Cuire les boulettes de viande pendant 5 minutes, les retourner avec une spatule et cuire encore 5 minutes. A déguster tel quel ou à servir sur une salade ou des petits pains complets.

Nutrition (pour 100g): 191 Calories 10g Lipides 2g Glucides 15g Protéines 661mg Sodium

Bol de chou noir et de thon à la sicilienne

Temps de préparation : 15 minutes

Temps de cuisson: 15 minutes

Portions : 6

Niveau de difficulté : moyen

Ingrédients:

- 1 lb de chou frisé
- 3 cuillères d'huile d'olive extra vierge
- 1 tasse d'oignon haché
- 3 gousses d'ail, hachées
- 1 boîte (2,25 oz) d'olives tranchées, égouttées
- ¼ tasse de câpres
- ¼ cuillère à café de poivron rouge
- 2 cuillères à café de sucre
- 2 boîtes (6 oz) de thon à l'huile d'olive
- 1 boîte (15 oz) de haricots cannellini
- ¼ cuillère à café de poivre noir moulu
- ¼ cuillère à café casher ou sel de mer

Les indications:

Faire bouillir les trois quarts plein d'eau dans une casserole. Incorporer le chou et cuire 2 minutes. Passer le kale dans une passoire et réserver.

Remettez la casserole vide sur la cuisinière à feu moyen et ajoutez l'huile. Ajouter l'oignon et cuire 4 minutes en remuant constamment. Mettre l'ail et cuire 1 minute. Mettre les olives, les câpres et le piment rouge concassé et cuire 1 minute. Enfin, ajoutez le kale partiellement cuit et le sucre, remuez jusqu'à ce que le kale soit complètement enrobé d'huile. Fermez la cocotte et laissez cuire 8 minutes.

Retirer le chou du feu, ajouter le thon, les haricots, le poivre et le sel et servir.

Nutrition (pour 100g): 265 Calories 12g Lipides 7g Glucides 16g Protéines 715mg Sodium

Ragoût de cabillaud méditerranéen

Temps de préparation : 10 minutes

Temps de cuisson: 20 minutes

Portions : 6

Niveau de difficulté : moyen

Ingrédients:

- 2 cuillères à soupe d'huile d'olive extra vierge
- 2 tasses d'oignon haché
- 2 gousses d'ail, hachées
- ¾ cuillère à café de paprika fumé
- 1 boîte (14,5 oz) de tomates en dés, non égouttées
- 1 (12 oz) de poivrons rouges rôtis en conserve
- 1 tasse d'olives tranchées, vertes ou noires
- 1/3 tasse de vin rouge sec
- ¼ cuillère à café de poivre noir fraîchement moulu
- ¼ cuillère à café casher ou sel de mer
- 1 1/2 livres de filets de morue, coupés en morceaux de 1 pouce
- 3 tasses de champignons tranchés

Les indications:

Faire cuire l'huile dans une marmite. Ajouter l'oignon et cuire 4 minutes en remuant de temps en temps. Incorporer l'ail et le paprika fumé et cuire 1 minute en remuant souvent.

Mélangez les tomates avec leur jus, les poivrons grillés, les olives, le vin, le poivre et le sel et augmentez le feu à moyen-vif. Porter à ébullition. Ajouter la morue et les champignons et baisser le feu à moyen.

Cuire environ 10 minutes, en remuant de temps en temps, jusqu'à ce que la morue soit bien cuite et se défasse facilement, puis servir.

Nutrition (pour 100g): 220 Calories 8g Lipides 3g Glucides 28g Protéines 583mg Sodium

Moules cuites à la vapeur sauce au vin blanc

Temps de préparation : 5 minutes
Temps de cuisson: 10 minutes
Portions : 4
Niveau de difficulté : difficile

Ingrédients:

- 2 livres de petites moules
- 1 cuillère à soupe d'huile d'olive extra vierge
- 1 tasse d'oignon rouge finement tranché
- 3 gousses d'ail, tranchées
- 1 verre de vin blanc sec
- 2 tranches de citron (¼ de pouce d'épaisseur)
- ¼ cuillère à café de poivre noir fraîchement moulu
- ¼ cuillère à café casher ou sel de mer
- Quartiers de citron frais, pour servir (facultatif)

Les indications:

Dans une grande passoire dans l'évier, faites couler de l'eau froide sur les moules (mais ne laissez pas les moules reposer dans de l'eau stagnante). Toutes les coquilles doivent être bien fermées; jetez les coquilles un peu ouvertes ou celles qui sont fêlées. Laissez les moules dans la passoire jusqu'à ce que vous soyez prêt à les utiliser.

Dans une grande poêle, faire cuire l'huile. Ajouter l'oignon et cuire 4 minutes en remuant de temps en temps. Mettre l'ail et cuire 1 minute en remuant constamment. Ajouter le vin, les tranches de citron, le poivre et le sel et porter à ébullition. Cuire 2 minutes.

Ajouter les moules et couvrir. Cuire jusqu'à ce que les moules ouvrent leur coquille. Secouez doucement la casserole deux ou trois fois pendant la cuisson.

Toutes les coquilles devraient maintenant être ouvertes. A l'aide d'une écumoire, jeter les moules encore fermées. Versez les moules ouvertes dans un bol de service peu profond et versez le bouillon dessus. Servir avec des quartiers de citron frais supplémentaires, si désiré.

Nutrition (pour 100g): 222 Calories 7g Lipides 1g Glucides 18g Protéines 708mg Sodium

Crevettes à l'orange et à l'ail

Temps de préparation : 20 minutes

Temps de cuisson: 10 minutes

Portions : 6

Niveau de difficulté : difficile

Ingrédients:

- 1 grosse orange
- 3 cuillères à soupe d'huile d'olive extra vierge, divisée
- 1 cuillère à soupe de romarin frais haché
- 1 cuillère à soupe de thym frais haché
- 3 gousses d'ail, hachées (environ 1 1/2 cuillères à café)
- ¼ cuillère à café de poivre noir fraîchement moulu
- ¼ cuillère à café casher ou sel de mer
- 1 1/2 livres de crevettes crues fraîches, coquilles et queues retirées

Les indications:

Zestez l'orange entière avec une râpe à agrumes. Mélanger le zeste d'orange et 2 cuillères à soupe d'huile avec le romarin, le thym, l'ail, le poivre et le sel. Incorporer les crevettes, sceller le sac et masser doucement les crevettes jusqu'à ce que tous les ingrédients soient combinés et que les crevettes soient complètement enrobées d'assaisonnements. Mettre à part.

Chauffer un gril, une poêle à griller ou une grande poêle à feu moyen. Badigeonner ou tourbillonner la cuillère à soupe d'huile restante. Ajouter la moitié des crevettes et cuire de 4 à 6 minutes, ou jusqu'à ce que les crevettes soient roses et blanches, en les retournant à mi-cuisson si elles sont sur le gril ou en remuant toutes les minutes si elles sont dans une poêle. Livrer les crevettes dans un grand bol de service. Répétez et placez-les dans le bol.

Pendant la cuisson des crevettes, pelez l'orange et coupez la pulpe en petits morceaux. Placer dans un bol de service et mélanger avec les crevettes cuites. Servir immédiatement ou réfrigérer et servir frais.

Nutrition (pour 100g): 190 Calories 8g Lipides 1g Glucides 24g Protéines 647mg Sodium

Gnocchis aux crevettes rôtis au four

Temps de préparation : 10 minutes

Temps de cuisson: 20 minutes

Portions : 4

Niveau de difficulté : moyen

Ingrédients:

- 1 tasse de tomates fraîches hachées
- 2 cuillères à soupe d'huile d'olive extra vierge
- 2 gousses d'ail, hachées
- ½ cuillère à café de poivre noir fraîchement moulu
- ¼ cuillère à café de poivron rouge haché
- 1 (12 oz) de poivrons rouges rôtis en conserve
- 1 livre de crevettes crues fraîches, coquilles et queues retirées
- 1 livre de dumplings surgelés (non décongelés)
- ½ tasse de fromage feta en cubes
- 1/3 tasse de feuilles de basilic frais déchirées

Les indications:

Préchauffer le four à 425 ° F. Dans une rôtissoire, mélanger les tomates, l'huile, l'ail, le poivre noir et le piment rouge broyé. Cuire au four pendant 10 minutes.

Incorporer les poivrons rôtis et les crevettes. Cuire encore 10 minutes, jusqu'à ce que les crevettes soient roses et blanches.

Pendant que les crevettes cuisent, faites cuire les boulettes sur la cuisinière selon les instructions sur l'emballage. Égoutter dans une passoire et réserver au chaud. Sortir le plat du four. Incorporer les gnocchis cuits, la feta et le basilic et servir.

Nutrition (pour 100g): 277 Calories 7g Lipides 1g Glucides 20g Protéines 711mg Sodium

Puttanesca aux crevettes épicées

Temps de préparation : 5 minutes

Temps de cuisson: 15 minutes

Portions : 4

Niveau de difficulté : moyen

Ingrédients:

- 2 cuillères à soupe d'huile d'olive extra vierge
- 3 filets d'anchois, égouttés et hachés
- 3 gousses d'ail, hachées
- ½ cuillère à café de poivron rouge haché
- 1 (14,5 oz) de tomates en dés à faible teneur en sodium ou sans sel ajouté, non égouttées
- 1 boîte (2,25 oz) d'olives noires
- 2 cuillères à soupe de câpres
- 1 cuillère à soupe d'origan frais haché
- 1 livre de crevettes crues fraîches, coquilles et queues retirées

Les indications:

À feu moyen, faites cuire l'huile. Mélanger les anchois, l'ail et le piment rouge broyé. Cuire 3 minutes en remuant fréquemment et en écrasant les anchois avec une cuillère en bois, jusqu'à ce qu'ils soient dissous dans l'huile.

Incorporer les tomates avec leur jus, les olives, les câpres et l'origan. Augmentez le feu à moyen-vif et portez à ébullition.

Lorsque la sauce bouillonne légèrement, ajouter les crevettes. Sélectionnez le feu à moyen et faites cuire les crevettes jusqu'à ce qu'elles soient roses et blanches, puis servez.

Nutrition (pour 100g): 214 calories 10 g de matières grasses 2 g de glucides 26 g de protéines 591 mg de sodium

Sandwichs au thon à l'italienne

Temps de préparation : 10 minutes

Temps de cuisson: 0 minute

Portions : 4

Niveau de difficulté : facile

Ingrédients:

- 3 cuillères à soupe de jus de citron fraîchement pressé
- 2 cuillères à soupe d'huile d'olive extra vierge
- 1 gousse d'ail, hachée
- ½ cuillère à café de poivre noir fraîchement moulu
- 2 boîtes (5 onces) de thon, égouttées
- 1 boîte (2,25 oz) de tranches d'olives
- ½ tasse de fenouil frais haché, y compris les feuilles
- 8 tranches de pain croûté complet

Les indications:

Mélanger le jus de citron, l'huile, l'ail et le poivre. Ajouter le thon, les olives et le fenouil. À l'aide d'une fourchette, séparer le thon en morceaux et remuer pour combiner tous les ingrédients.

Répartir la salade de thon également entre 4 tranches de pain. Couvrir chacune avec les tranches de pain restantes. Laissez les petits pains reposer pendant au moins 5 minutes afin que la garniture épicée puisse absorber le pain avant de servir.

Nutrition (pour 100g): 347 Calories 17g Lipides 5g Glucides 25g Protéines 447mg Sodium

Wrap à la salade de saumon à l'aneth

Temps de préparation : 10 minutes

Temps de cuisson : 10 minutes

Portions : 6

Niveau de difficulté : facile

Ingrédients:

- 1 livre de filet de saumon, cuit et émietté
- ½ tasse de carottes coupées en dés
- ½ tasse de céleri coupé en dés
- 3 cuillères à soupe d'aneth frais haché
- 3 cuillères à soupe d'oignon rouge coupé en dés
- 2 cuillères à soupe de câpres
- 1 cuillère à soupe et demie d'huile d'olive extra vierge
- 1 cuillère à soupe de vinaigre balsamique vieilli
- ½ cuillère à café de poivre noir fraîchement moulu
- ¼ cuillère à café casher ou sel de mer
- 4 wraps complets ou tortillas moelleuses complètes

Les indications:

Mélanger le saumon, les carottes, le céleri, l'aneth, l'oignon rouge, les câpres, l'huile, le vinaigre, le poivre et le sel. Répartir la salade de saumon sur les pains plats. Pliez le bas du pain plat, puis roulez-le et servez.

Nutrition (pour 100g): 336 calories 16 g de matières grasses 5 g de glucides 32 g de protéines 884 mg de sodium

Gâteau aux palourdes blanches

Temps de préparation : 10 minutes
Temps de cuisson: 20 minutes
Portions : 4
Niveau de difficulté : difficile

Ingrédients:

- 1 lb de pâte à pizza fraîche réfrigérée
- Aérosol de cuisson antiadhésif
- 2 cuillères à soupe d'huile d'olive extra vierge, divisée
- 2 gousses d'ail, hachées (environ 1 cuillère à café)
- ½ cuillère à café de poivron rouge haché
- 1 boîte (10 oz) de palourdes entières, égouttées
- ¼ tasse de vin blanc sec
- Farine tout usage, pour saupoudrer
- 1 tasse de mozzarella en dés
- 1 cuillère à soupe de pecorino romano ou de parmesan râpé
- 1 cuillère à soupe de persil plat frais haché (italien)

Les indications:

Préchauffer le four à 500 ° F. Badigeonner une grande plaque à pâtisserie à rebords d'un aérosol de cuisson antiadhésif.

Dans une grande poêle, faites cuire 1 1/2 cuillères à soupe d'huile. Ajouter l'ail et le poivron rouge broyé et cuire 1 minute en remuant fréquemment pour éviter que l'ail ne brûle. Ajouter le jus de palourde réservé et le vin. Porter à ébullition à feu vif. Réduire à feu moyen pour que la sauce mijote et cuire 10 minutes en remuant de temps en temps. La sauce va cuire et épaissir.

Mettre les palourdes et cuire 3 minutes en remuant de temps en temps. Pendant que la sauce cuit, sur une surface légèrement farinée, formez un cercle de 12 pouces ou un rectangle de 10 par 12 pouces avec un rouleau à pâtisserie ou en étirant avec vos mains. Placer la pâte sur la plaque à pâtisserie préparée. Badigeonner la pâte avec la 1/2 cuillère à soupe d'huile restante. Réserver jusqu'à ce que la sauce aux palourdes soit prête.

Étendre la sauce aux palourdes sur la pâte préparée jusqu'à ½ pouce du bord. Garnir de mozzarella, puis saupoudrer de pecorino romano.

Cuire au four pendant 10 minutes. Sortez la pizza du four et posez-la sur une planche à découper en bois. Garnir de persil, couper en huit morceaux avec un coupe-pizza ou un couteau bien aiguisé et servir.

Nutrition (pour 100g): 541 Calories 21g Lipides 1g Glucides 32g Protéines 688mg Sodium

Farine de poisson aux haricots cuits au four

Temps de préparation : 10 minutes
Temps de cuisson: 10 minutes
Portions : 4
Niveau de difficulté : facile

Ingrédients:

- 1 cuillère à soupe de vinaigre balsamique
- 2 1/2 tasses de haricots verts
- 1 pinte de tomates cerises ou de tomates cerises
- 4 (4 onces chacun) filets de poisson, comme la morue ou le tilapia
- 2 cuillères à soupe d'huile d'olive

Les indications:

Préchauffer le four à 400 degrés. Graisser deux plaques à pâtisserie avec un peu d'huile d'olive ou vaporiser de l'huile d'olive. Disposez 2 filets de poisson sur chaque feuille. Dans un bol, versez l'huile d'olive et le vinaigre. Mélanger pour bien mélanger.

Mélanger les haricots verts et les tomates. Mélanger pour bien mélanger. Combinez bien les deux mélanges entre eux. Ajouter le mélange uniformément sur les filets de poisson. Cuire 6 à 8 minutes, jusqu'à ce que le poisson soit opaque et facile à émietter. Servir chaud.

Nutrition (pour 100g): 229 calories 13 g de matières grasses 8 g de glucides 2,5 g de protéines 559 mg de sodium

Ragoût de morue aux champignons

Temps de préparation : 10 minutes
Temps de cuisson: 20 minutes
Portions : 6
Niveau de difficulté : facile

Ingrédients:

- 2 cuillères à soupe d'huile d'olive extra vierge
- 2 gousses d'ail, hachées
- 1 boite de tomate
- 2 tasses d'oignon haché
- ¾ cuillère à café de paprika fumé
- une boîte de 12 onces de poivrons rouges rôtis
- 1/3 tasse de vin rouge sec
- ¼ cuillère à café casher ou sel de mer
- ¼ cuillère à café de poivre noir
- 1 tasse d'olives noires
- 1 1/2 livres de filets de morue, coupés en morceaux de 1 pouce
- 3 tasses de champignons tranchés

Les indications:

Prenez une casserole moyenne-grande, faites chauffer l'huile à feu moyen. Ajouter les oignons et cuire dans la poêle pendant 4 minutes. Ajouter l'ail et le paprika fumé; cuire 1 minute en remuant souvent. Ajouter les tomates avec le jus, les poivrons rôtis, les olives, le vin, le poivre et le sel; mélanger délicatement. Faire bouillir le mélange. Ajouter la morue et les champignons; baisser le feu à moyen. Fermer et cuire jusqu'à ce que la morue soit facile à émietter, remuer entre les deux. Servir chaud.

Nutrition (pour 100g): 238 Calories 7 g Lipides 15 g Glucides 3,5 g Protéines 772 mg Sodium

Espadon épicé

Temps de préparation : 10 minutes

Temps de cuisson: 15 minutes

Portions : 4

Niveau de difficulté : moyen

Ingrédients:

- 4 steaks d'espadon (7 oz chacun)
- 1/2 cuillère à café de poivre noir moulu
- 12 gousses d'ail pelées
- 3/4 cuillère à café de sel
- 1 1/2 cuillère à café de cumin moulu
- 1 cuillère à café de paprika
- 1 cuillère à café de coriandre
- 3 cuillères à soupe de jus de citron
- 1/3 tasse d'huile d'olive

Les indications:

Prenez un mélangeur ou un robot culinaire, ouvrez le couvercle et ajoutez tous les ingrédients sauf l'espadon. Fermez le couvercle et mixez pour obtenir un mélange homogène. Assécher les steaks de poisson; enrober uniformément du mélange d'épices préparé.

Mettez-les sur du papier d'aluminium, couvrez et mettez au réfrigérateur pendant 1 heure. Préchauffer une poêle à griller à feu vif, verser l'huile et chauffer. Ajouter les steaks de poisson; Cuire dans la poêle pendant 5 à 6 minutes de chaque côté jusqu'à ce qu'ils soient bien cuits et dorés uniformément. Servir chaud.

Nutrition (pour 100g): 255 Calories 12g Lipides 4g Glucides 0.5g Protéines 990mg Sodium

Pasta Mania aux Anchois

Temps de préparation : 10 minutes

Temps de cuisson: 20 minutes

Portions : 4

Niveau de difficulté : facile

Ingrédients:

- 4 filets d'anchois, emballés dans de l'huile d'olive
- ½ lb de brocoli, coupé en bouquets de 1 pouce
- 2 gousses d'ail, tranchées
- 1 lb de penne de grains entiers
- 2 cuillères à soupe d'huile d'olive
- ¼ tasse de parmesan râpé
- Sel et poivre noir, au goût
- Flocons de piment rouge, au goût

Les indications:

Cuire les pâtes comme indiqué sur l'emballage; égouttez-les et mettez-les de côté. Prenez une casserole moyenne ou une poêle, ajoutez l'huile. Chauffer à feu moyen. Ajouter les anchois, le brocoli et l'ail et cuire jusqu'à ce que les légumes soient tendres, 4-5 minutes. Retirer du feu; mélanger la pâte. Servir chaud avec du parmesan, des flocons de piment rouge, du sel et du poivre noir saupoudrés sur le dessus.

Nutrition (pour 100g): 328 Calories 8g Lipides 35g Glucides 7g Protéines 834mg Sodium

Pâtes aux crevettes à l'ail

Temps de préparation : 10 minutes

Temps de cuisson: 15 minutes

Portions : 4

Niveau de difficulté : facile

Ingrédients:

- 1 livre de crevettes, décortiquées et nettoyées
- 3 gousses d'ail, hachées
- 1 oignon, haché finement
- 1 paquet de pâtes complètes ou de haricots au choix
- 4 cuillères à soupe d'huile d'olive
- Sel et poivre noir, au goût
- ¼ tasse de basilic, coupé en lanières
- ¾ tasse de bouillon de poulet, faible en sodium

Les indications:

Cuire les pâtes comme indiqué sur l'emballage; rincer et réserver. Prenez une casserole moyenne, ajoutez l'huile et faites chauffer à feu moyen. Ajouter l'oignon, l'ail et faire sauter jusqu'à ce qu'ils soient translucides et parfumés pendant 3 minutes.

Ajouter les crevettes, le poivre noir (moulu) et le sel; Cuire à la poêle pendant 3 minutes jusqu'à ce que les crevettes soient opaques. Ajouter le bouillon et laisser mijoter encore 2-3 minutes. Ajouter les pâtes aux plats de service; ajouter sur le mélange de crevettes; servir chaud avec du basilic sur le dessus.

Nutrition (pour 100g): 605 Calories 17g Lipides 53g Glucides 19g Protéines 723mg Sodium

Saumon au miel et vinaigre balsamique

Temps de préparation : 10 minutes

Temps de cuisson: Cinq minutes

Portions : 4

Niveau de difficulté : facile

Ingrédients:

- 4 (8 oz) filets de saumon
- 1/2 tasse de vinaigre balsamique
- 1 cuillère à soupe de miel
- Poivre noir et sel, au goût
- 1 cuillère à soupe d'huile d'olive

Les indications:

Mélanger le miel et le vinaigre. Mélanger pour bien mélanger.

Assaisonnez les filets de poisson avec du poivre noir (moulu) et du sel marin; badigeonner de glaçage au miel. Prenez une casserole moyenne ou une poêle, ajoutez l'huile. Chauffer à feu moyen. Ajouter les filets de saumon et cuire jusqu'à ce qu'ils soient mi-saignants au centre et légèrement dorés, 3 à 4 minutes de chaque côté. Servir chaud.

Nutrition (pour 100g): 481 Calories 16g Lipides 24g Glucides 1,5g Protéines 673mg Sodium

Farine de poisson à l'orange

Temps de préparation : 10 minutes
Temps de cuisson: Cinq minutes
Portions : 4
Niveau de difficulté : facile

Ingrédients:

- ¼ cuillère à café casher ou sel de mer
- 1 cuillère à soupe d'huile d'olive extra vierge
- 1 cuillère à soupe de jus d'orange
- 4 (4 onces) filets de tilapia, sans peau ou sans peau
- ¼ tasse d'oignon rouge haché
- 1 avocat, dénoyauté, pelé et tranché

Les indications:

Prenez un plat de cuisson de 9 pouces; ajouter l'huile d'olive, le jus d'orange et le sel. Bien mélanger. Ajouter les filets de poisson et bien enrober. Ajouter les oignons aux filets de poisson. Couvrir d'un film transparent. Cuire au micro-ondes pendant 3 minutes jusqu'à ce que le poisson soit bien cuit et facile à émietter. Servir chaud avec des tranches d'avocat sur le dessus.

Nutrition (pour 100g): 231 Calories 9g Lipides 8g Glucides 2.5g Protéines 536mg Protéines

Zoodles aux crevettes

Temps de préparation : 10 minutes

Temps de cuisson: Cinq minutes

Portions : 2

Niveau de difficulté : facile

Ingrédients:

- 2 cuillères à soupe de persil haché
- 2 cuillères à café d'ail haché
- 1 cuillère à café de sel
- ½ cuillère à café de poivre noir
- 2 courgettes moyennes, enroulées
- 3/4 lb de crevettes moyennes, décortiquées et décortiquées
- 1 cuillère à soupe d'huile d'olive
- 1 citron, pressé et râpé

Les indications:

Prenez une casserole moyenne ou une poêle, ajoutez l'huile, le jus de citron, le zeste de citron. Chauffer à feu moyen. Ajouter les crevettes et cuire à la poêle 1 minute de chaque côté. Faire sauter l'ail et les flocons de piment rouge pendant encore 1 minute. Ajouter les Zoodles et mélanger délicatement; cuire pendant 3 minutes jusqu'à ce qu'ils soient bien cuits. Bien assaisonner, servir chaud avec du persil sur le dessus.

Nutrition (pour 100g): 329 Calories 12g Lipides 11g Glucides 3g Protéines 734mg Sodium

Truite aux asperges

Temps de préparation : 10 minutes

Temps de cuisson: 20 minutes

Portions : 4

Niveau de difficulté : facile

Ingrédients:

- 2 livres de filets de truite
- 1 livre d'asperges
- Sel et poivre blanc moulu, au goût
- 1 cuillère à soupe d'huile d'olive
- 1 gousse d'ail, finement hachée
- 1 échalote finement tranchée (parties verte et blanche)
- 4 pommes de terre dorées moyennes, tranchées finement
- 2 tomates Roma, hachées
- 8 olives Kalamata dénoyautées, hachées
- 1 grosse carotte, tranchée finement
- 2 cuillères à soupe de persil séché
- ¼ tasse de cumin moulu
- 2 cuillères à soupe de paprika
- 1 cuillère à soupe d'assaisonnement pour bouillon de légumes
- ½ verre de vin blanc sec

Les indications:

Dans un bol, ajouter les filets de poisson, le poivre blanc et le sel. Mélanger pour bien mélanger. Prenez une casserole moyenne ou une poêle, ajoutez l'huile. Chauffer à feu moyen. Ajouter les asperges, les pommes de terre, l'ail, les blancs d'échalotes et cuire dans la poêle jusqu'à ce qu'ils soient tendres, 4-5 minutes. Ajouter les tomates, la carotte et les olives; Cuire dans la poêle pendant 6-7 minutes jusqu'à tendreté. Ajouter le cumin, le paprika, le persil, l'assaisonnement pour bouillon et le sel. Bien mélanger le mélange.

Mélanger le vin blanc et les filets de poisson. À feu doux, couvrir et laisser mijoter environ 6 minutes jusqu'à ce que le poisson se désagrège facilement, remuer entre les deux. Servir chaud avec des oignons verts sur le dessus.

Nutrition (pour 100g): 303 Calories 17g Lipides 37g Glucides 6g Protéines 722mg Sodium

Thon aux olives et chou frisé

Temps de préparation : 10 minutes

Temps de cuisson: 15 minutes

Portions : 6

Niveau de difficulté : moyen

Ingrédients:

- 1 tasse d'oignon haché
- 3 gousses d'ail, hachées
- 1 boîte (2,25 oz) d'olives tranchées, égouttées
- 1 lb de chou vert, râpé
- 3 cuillères d'huile d'olive extra vierge
- ¼ tasse de câpres
- ¼ cuillère à café de poivron rouge haché
- 2 cuillères à café de sucre
- 1 boîte (15 oz) de haricots cannellini
- 2 boîtes (6 onces) de thon à l'huile d'olive, non égouttées
- ¼ cuillère à café de poivre noir
- ¼ cuillère à café casher ou sel de mer

Les indications:

Plonger le kale dans l'eau bouillante pendant 2 minutes; égouttez-les et mettez-les de côté. Prenez une marmite ou une marmite moyenne à grande, faites chauffer l'huile à feu moyen. Ajouter l'oignon et cuire dans la poêle jusqu'à ce qu'il soit translucide et ramolli. Ajouter l'ail et cuire dans la poêle jusqu'à ce qu'il soit parfumé pendant 1 minute.

Ajouter les olives, les câpres et le piment et cuire à la poêle pendant 1 minute. Mélanger le kale et le sucre. À feu doux, couvrir et laisser mijoter le mélange pendant environ 8 à 10 minutes, remuer entre les deux. Ajouter le thon, les haricots, le poivre et le sel. Bien mélanger et servir chaud.

Nutrition (pour 100g): 242 Calories 11g Lipides 24g Glucides 7g Protéines 682mg Sodium

Crevettes épicées au romarin

Temps de préparation : 10 minutes

Temps de cuisson: 10 minutes

Portions : 6

Niveau de difficulté : facile

Ingrédients:

- 1 grosse orange, râpée et pelée
- 3 gousses d'ail, hachées
- 1 1/2 livres de crevettes crues, coquilles et queues enlevées
- 3 cuillères à soupe d'huile d'olive
- 1 cuillère à soupe de thym haché
- 1 cuillère à soupe de romarin haché
- ¼ cuillère à café de poivre noir
- ¼ cuillère à café casher ou sel de mer

Les indications:

Prenez un sac en plastique à fermeture éclair, ajoutez le zeste d'orange, les crevettes, 2 cuillères à soupe d'huile d'olive, l'ail, le thym, le romarin, le sel et le poivre noir. Bien agiter et laisser mariner pendant 5 minutes.

Prenez une casserole moyenne ou une poêle, ajoutez 1 cuillère à soupe d'huile d'olive. Chauffer à feu moyen. Ajouter les crevettes et cuire dans la poêle pendant 2-3 minutes de chaque côté jusqu'à ce qu'elles soient complètement roses et opaques. Couper l'orange en gros quartiers et les ajouter dans un plat de service. Ajouter les crevettes et bien mélanger. Servir frais.

Nutrition (pour 100g): 187 Calories 7 g Lipides 6 g Glucides 0,5 g Protéines 673 mg Sodium

Saumon aux asperges

Temps de préparation : 10 minutes

Temps de cuisson: 15 minutes

Portions : 2

Niveau de difficulté : facile

Ingrédients:

- 8,8 oz de bottes d'asperges
- 2 petits filets de saumon
- 1 1/2 cuillères à café de sel
- 1 cuillère à café de poivre noir
- 1 cuillère à soupe d'huile d'olive
- 1 tasse de sauce hollandaise à faible teneur en glucides

Les indications:

Bien assaisonner les filets de saumon. Prenez une casserole moyenne ou une poêle, ajoutez l'huile. Chauffer à feu moyen.

Ajouter les filets de saumon et cuire dans la poêle jusqu'à ce qu'ils soient saisis et bien cuits, 4 à 5 minutes de chaque côté. Ajouter les asperges et remuer pour cuire encore 4-5 minutes. Servir chaud avec de la sauce hollandaise sur le dessus.

Nutrition (pour 100g): 565 Calories 7 g Lipides 8 g Glucides 2,5 g Protéines 559 mg Sodium

Salade Thon Noisette

Temps de préparation : 10 minutes
Temps de cuisson: 0 minute
Portions : 4
Niveau de difficulté : facile

Ingrédients:

- 1 cuillère à soupe d'estragon haché
- 1 branche de céleri, pelée et coupée en dés
- 1 échalote moyenne, coupée en dés
- 3 cuillères à soupe de ciboulette hachée
- 1 boîte (5 onces) de thon (enrobé d'huile d'olive) égoutté et émietté
- 1 cuillère à café de moutarde de Dijon
- 2-3 cuillères à soupe de mayonnaise
- 1/4 cuillère à café de sel
- 1/8 cuillère à café de poivre
- 1/4 tasse de pignons de pin, grillés

Les indications:

Dans un grand saladier, ajouter le thon, les échalotes, la ciboulette, l'estragon et le céleri. Mélanger pour bien mélanger. Dans un bol à mélanger, ajouter la mayonnaise, la moutarde, le sel et le poivre noir. Mélanger pour bien mélanger. Ajouter le mélange de mayonnaise au saladier; bien mélanger pour combiner. Ajouter les pignons de pin et mélanger à nouveau. Servir frais.

Nutrition (pour 100g): 236 Calories 14g Lipides 4g Glucides 1g Protéines 593mg Sodium

Soupe Crémeuse Aux Crevettes

Temps de préparation : 10 minutes

Temps de cuisson: 35 mn

Portions : 6

Niveau de difficulté : moyen

Ingrédients:

- 1 livre de crevettes moyennes, décortiquées et décortiquées
- 1 poireau, blanc ou vert clair, tranché
- 1 fenouil moyen, haché
- 2 cuillères à soupe d'huile d'olive
- 3 branches de céleri, hachées
- 1 gousse d'ail, hachée
- Sel de mer et poivre moulu au goût
- 4 tasses de bouillon de légumes ou de poulet
- 1 cuillère à soupe de graines de fenouil
- 2 cuillères à soupe de crème légère
- Jus de 1 citron

Les indications:

Prenez une casserole moyenne ou un four hollandais, faites chauffer l'huile à feu moyen. Ajouter le céleri, le poireau et le fenouil et cuire dans la poêle environ 15 minutes, jusqu'à ce que les légumes soient tendres et dorés. Ajouter l'ail; assaisonner de poivre noir et de sel de mer au goût. Ajouter les graines de fenouil et mélanger.

Verser le bouillon et porter à ébullition. À feu doux, laisser mijoter le mélange pendant environ 20 minutes, mélanger les uns avec les autres. Ajouter les crevettes et cuire jusqu'à ce qu'elles soient roses, 3 minutes. Incorporer la crème et le jus de citron; Servir chaud.

Nutrition (pour 100g): 174 Calories 5 g Lipides 9,5 g Glucides 2 g Protéines 539 mg Sodium

Saumon Épicé Au Quinoa Aux Légumes

Temps de préparation : 30 minutes

Temps de cuisson: 10 minutes

Portions : 4

Niveau de difficulté : difficile

Ingrédients:

- 1 tasse de quinoa cru
- 1 cuillère à café de sel, divisée en deux
- ¾ tasse de concombres, épépinés, coupés en dés
- 1 tasse de tomates cerises, coupées en deux
- ¼ tasse d'oignon rouge, émincé
- 4 feuilles de basilic frais, finement tranchées
- Le zeste d'un citron
- ¼ cuillère à café de poivre noir
- 1 cuillère à café de cumin
- ½ cuillère à café de paprika
- 4 (5 oz) filets de saumon
- 8 quartiers de citron
- ¼ tasse de persil frais haché

Les indications:

Dans une casserole de taille moyenne, ajouter le quinoa, 2 tasses d'eau et 1/2 cuillère à café de sel. Faites-les chauffer jusqu'à ce que l'eau bout, puis baissez le feu jusqu'à ébullition. Couvrez la casserole et laissez cuire pendant 20 minutes ou aussi longtemps que le paquet de quinoa l'exige. Éteignez le feu sous le quinoa et laissez-le reposer, couvert, pendant au moins 5 minutes avant de servir.

Juste avant de servir, ajoutez l'oignon, les tomates, le concombre, les feuilles de basilic et le zeste de citron au quinoa et utilisez une cuillère pour mélanger délicatement le tout. Pendant ce temps (pendant la cuisson du quinoa) préparez le saumon. Mettez la grille du four en position haute et assurez-vous qu'une grille se trouve dans le bas du four. Dans un petit bol, ajoutez les composants suivants : poivre noir, ½ cuillère à café de sel, cumin et paprika. Mélangez-les ensemble.

Placez une feuille d'aluminium sur un plat allant au four en verre ou en aluminium, puis vaporisez-le d'un aérosol de cuisson antiadhésif. Mettez les filets de saumon sur le papier d'aluminium. Frotter le mélange d'épices dans chaque filet (environ 1/2 cuillère à café de mélange d'épices par filet). Ajouter les quartiers de citron sur les bords de la poêle à côté du saumon.

Cuire le saumon sous le gril pendant 8 à 10 minutes. Votre objectif est que le saumon s'émiette facilement à la fourchette. Saupoudrer le saumon de persil, puis servir avec les quartiers de citron et le persil végétal. Apprécier!

Nutrition (pour 100g): 385 calories 12,5 g de matières grasses 32,5 g de glucides 35,5 g de protéines 679 mg de sodium

Truite à la moutarde aux pommes

Temps de préparation : 15 minutes

Temps de cuisson: 55 minutes

Portions : 2

Niveau de difficulté : difficile

Ingrédients:

- 1 cuillère à soupe d'huile d'olive
- 1 petite échalote, hachée
- 2 pommes Lady, coupées en deux
- 4 filets de truite de 3 oz chacun
- 1 1/2 cuillères à soupe de chapelure, régulière et fine
- 1/2 cuillère à café de thym, frais et haché
- 1/2 cuillère à soupe de beurre, fondu et non salé
- 1/2 tasse de cidre de pomme
- 1 cuillère à café de sucre roux clair
- 1/2 cuillère à soupe de moutarde de Dijon
- 1/2 cuillère à soupe de câpres, rincées
- Sel de mer et poivre noir au goût

Les indications:

Préparez le four à 375 degrés, puis sortez un petit bol. Mélanger la chapelure, les échalotes et le thym avant d'assaisonner de sel et de poivre.

Ajouter le beurre et bien mélanger.

Placer les pommes côté coupé vers le haut dans un plat allant au four, puis saupoudrer de sucre. Garnir de chapelure puis verser la moitié de votre cidre autour des pommes en recouvrant l'assiette. Cuire au four pendant une demi-heure.

Découvrir et cuire encore vingt minutes. Les pommes doivent être tendres mais vos miettes doivent être croquantes. Retirer les pommes du four.

Allumez le gril, puis écartez-le de quatre pouces. Tapoter la truite, puis assaisonner de sel et de poivre. Badigeonnez votre huile sur une plaque à pâtisserie puis placez la truite côté peau vers le haut. Badigeonner le reste d'huile sur la peau et faire griller pendant six minutes. Répétez les pommes sur l'étagère juste en dessous de la truite. De cette façon, vous éviterez que les miettes ne brûlent et il ne vous faudra que deux minutes pour les réchauffer.

Prenez une casserole et mélangez le reste du cidre, des câpres et de la moutarde. Ajouter plus de cidre si nécessaire, pour diluer, et cuire pendant cinq minutes à feu moyen-vif. Il doit avoir une consistance semblable à celle d'une sauce. Verser la sauce sur le poisson et servir avec une pomme dans chaque assiette.

Nutrition (pour 100g): 366 Calories 13g Lipides 10g Glucides 31g Protéines 559mg Sodium

Gnocchis aux Crevettes

Temps de préparation : 5 minutes

Temps de cuisson: 15 minutes

Portions : 4

Niveau de difficulté : difficile

Ingrédients:

- 1/2 livre de crevettes, décortiquées et parées
- 1/4 tasse d'échalotes, tranchées
- 1/2 cuillère à soupe + 1 cuillère à café d'huile d'olive
- 8 onces de boulettes d'étagère
- 1/2 botte d'asperges, coupées en trois
- 3 cuillères à soupe de parmesan
- 1 cuillère à soupe de jus de citron, frais
- 1/3 tasse de bouillon de poulet
- Sel de mer et poivre noir au goût

Les indications:

Commencez par chauffer une demi-cuillère à soupe d'huile à feu moyen, puis ajoutez les boulettes. Cuire en remuant souvent jusqu'à ce qu'ils soient dodus et dorés. Cela prendra sept à dix minutes. Mettez-les dans un bol.

Chauffer la cuillère à café d'huile restante avec les échalotes, cuire jusqu'à ce qu'elles commencent à dorer. Assurez-vous de mélanger, mais cela prendra deux minutes. Remuez le bouillon avant d'ajouter les asperges. Couvrir et cuire pendant trois à quatre minutes.

Ajouter les crevettes, assaisonner de sel et de poivre. Cuire jusqu'à ce qu'ils soient roses et bien cuits, ce qui prendra environ quatre minutes.

Remettre les gnocchis dans la poêle avec le jus de citron, cuire encore deux minutes. Bien mélanger puis retirer du feu.

Saupoudrer de parmesan et laisser reposer deux minutes. Votre fromage doit fondre. Servir chaud.

Nutrition (pour 100g): 342 Calories 11g Lipides 9g Glucides 38g Protéines 711mg Sodium

Crevettes Saganaki

Temps de préparation : 15 minutes

Temps de cuisson: 30 minutes

Portions : 2

Niveau de difficulté : moyen

Ingrédients:

- 1/2 livre de crevettes avec carapaces
- 1 petit oignon, haché
- 1/2 verre de vin blanc
- 1 cuillère à soupe de persil, frais et haché
- 8 onces de tomates, en conserve et coupées en dés
- 3 cuillères à soupe d'huile d'olive
- 4 onces de fromage feta
- Sel en cubes
- Une pincée de poivre noir
- 14 cuillères à café de poudre d'ail

Les indications:

Prenez une casserole, puis versez environ deux pouces d'eau, en la portant à ébullition. Faire bouillir pendant cinq minutes, puis égoutter mais réserver le liquide. Réserver les crevettes et le liquide.

Chauffez ensuite deux cuillères à soupe d'huile et, une fois chauffée, ajoutez les oignons. Cuire jusqu'à ce que les oignons soient translucides. Mélanger le persil, l'ail, le vin, l'huile d'olive et les tomates. Laisser mijoter pendant une demi-heure et remuer jusqu'à épaississement.

Éliminer les pattes des crevettes en détachant les carapaces, la tête et la queue. Ajouter les crevettes et le bouillon de crevettes à la sauce une fois qu'elle a épaissi. Porter à ébullition pendant cinq minutes, puis ajouter la feta. Laisser reposer jusqu'à ce que le fromage commence à fondre, puis servir chaud.

Nutrition (pour 100g): 329 calories 14 g de matières grasses 10 g de glucides 31 g de protéines 449 mg de sodium

Saumon méditerranéen

Temps de préparation : 10 minutes

Temps de cuisson: 20 minutes

Portions : 2

Niveau de difficulté : facile

Ingrédients:

- 2 filets de saumon, sans peau et 6 oz chacun
- 1 tasse de tomates cerises
- 1 cuillère à soupe de câpres
- 1/4 tasse de courgettes, hachées finement
- 1/8 cuillère à café de poivre noir
- 1/8 cuillère à café de sel de mer, fin
- 1/2 cuillère à soupe d'huile d'olive
- 1,25 onces d'olives mûres, tranchées

Les indications:

Préchauffez le four à 425 degrés, puis saupoudrez de sel et de poivre sur le poisson des deux côtés. Placez le poisson en une seule couche sur la plaque à pâtisserie après avoir enduit la poêle d'un aérosol de cuisson.

Mélanger les tomates et le reste des ingrédients en versant le mélange sur les filets, puis enfourner pendant vingt-deux minutes. Servir chaud.

Nutrition (pour 100g): 322 calories 10 g de matières grasses 15 g de glucides 31 g de protéines 493 mg de sodium

Crevettes au gingembre et sauce tomate

Temps de préparation : 10 minutes

Temps de cuisson: 15 minutes

Portions : 2

Niveau de difficulté : difficile

Ingrédients:

- 1 cuillère à soupe et demie d'huile végétale
- 1 gousse d'ail, hachée
- 10 crevettes, extra larges, décortiquées et queues restantes
- 3/4 cuillère à soupe de doigt, râpé et pelé
- 1 tomate verte, coupée en deux
- 2 tomates italiennes, coupées en deux
- 1 cuillère à soupe de jus de citron vert, frais
- 1/2 cuillère à café de sucre
- 1/2 cuillère à soupe de jalapeño épépiné, frais et moulu
- 1/2 cuillère à soupe de basilic, frais et haché
- 1/2 cuillère à soupe de coriandre, hachée et fraîche
- 10 brochettes
- Sel de mer et poivre noir au goût

Les indications:

Faire tremper les brochettes dans une casserole d'eau pendant au moins une demi-heure.

Mélanger l'ail et le gingembre dans un bol, transférer la moitié dans un bol plus grand et mélanger avec deux cuillères à soupe de votre huile. Ajouter les crevettes et s'assurer qu'elles sont bien enrobées.

Couvrir et transférer au réfrigérateur pendant au moins une demi-heure, puis laisser refroidir.

Chauffer le gril à feu vif et graisser légèrement les grilles avec de l'huile. Prenez un bol et mélangez la prune et les tomates vertes avec la cuillère à soupe d'huile restante, assaisonnez avec du sel et du poivre.

Faites griller les tomates côté coupé vers le haut et les peaux doivent être carbonisées. La chair de votre tomate doit être tendre, ce qui prendra quatre à six minutes pour la tomate prune et une dizaine de minutes pour la tomate verte.

Retirez la peau une fois que les tomates sont suffisamment froides pour être manipulées, puis jetez les graines. Hacher finement la chair des tomates en l'ajoutant au gingembre et à l'ail réservés. Ajouter le sucre, le jalapeño, le jus de lime et le basilic.

Assaisonnez les crevettes de sel et de poivre en les enfilant sur les brochettes, puis faites-les griller jusqu'à ce qu'elles soient opaques, soit environ deux minutes de chaque côté. Mettez les crevettes sur un plateau à votre goût et dégustez.

Nutrition (pour 100g): 391 Calories 13g Lipides 11g Glucides 34g Protéines 693mg Sodium

Pâtes aux crevettes

Temps de préparation : 10 minutes

Temps de cuisson: 10 minutes

Portions : 2

Niveau de difficulté : moyen

Ingrédients:

- 2 tasses de pâtes cheveux d'ange, cuites
- 1/2 lb de crevettes moyennes, décortiquées
- 1 gousse d'ail, hachée
- 1 tasse de tomate, hachée
- 1 cuillère à café d'huile d'olive
- 1/6 tasse d'olives Kalamata, dénoyautées et hachées
- 1/8 tasse de basilic, frais et finement tranché
- 1 cuillère à soupe de câpres, égouttées
- 1/8 tasse de fromage feta, émietté
- Une pincée de poivre noir

Les indications:

Cuire les pâtes selon les instructions sur l'emballage, puis chauffer l'huile d'olive dans une poêle à feu moyen-vif. Cuire l'ail une demi-minute puis ajouter les crevettes. Faire revenir une minute de plus.

Ajouter le basilic et la tomate, puis baisser le feu pour laisser mijoter pendant trois minutes. Votre tomate doit être tendre.

Incorporer les olives et les câpres. Ajouter une pincée de poivre noir et mélanger le mélange de crevettes et les pâtes pour servir. Garnir de fromage avant de servir chaud.

Nutrition (pour 100g): 357 Calories 11g Lipides 9g Glucides 30g Protéines 871mg Sodium

Cabillaud méditerranéen

Temps de préparation : 10 minutes

Temps de cuisson: 25 minutes

Portions : 2

Niveau de difficulté : moyen

Ingrédients:

- 2 filets de cabillaud, 6 oz
- Sel de mer et poivre noir au goût
- 1/4 tasse de vin blanc sec
- 1/4 tasse de bouillon de poisson
- 2 gousses d'ail, hachées
- 1 feuille de laurier
- 1/2 cuillère à café de sauge fraîche et hachée
- 2 brins de romarin pour la décoration

Les indications:

Commencez par porter le four à 375, puis assaisonnez les filets de sel et de poivre. Mettez-les dans une casserole et ajoutez le bouillon, l'ail, le vin, la sauge et le laurier. Couvrir hermétiquement et cuire une vingtaine de minutes. Votre poisson doit être floconneux lorsqu'il est testé avec une fourchette.

Retirer chaque filet à l'aide d'une spatule, placer le liquide sur feu vif et faire réduire de moitié. Cela devrait prendre dix minutes et vous devez remuer fréquemment. Servir égoutté dans un liquide bouillant et garni d'un brin de romarin.

Nutrition (pour 100g): 361 Calories 10g Lipides 9g Glucides 34g Protéines 783mg Sodium

Moules au vin blanc

Temps de préparation : 5 minutes

Temps de cuisson: 10 minutes

Portions : 2

Niveau de difficulté : difficile

Ingrédients:

- 2 livres de moules vivantes, fraîches
- 1 verre de vin blanc sec
- 1/4 cuillère à café de sel de mer, fin
- 3 gousses d'ail, hachées
- 2 cuillères à café d'échalotes coupées en dés
- 1/4 tasse de persil, frais et haché, divisé
- 2 cuillères à soupe d'huile d'olive
- 1/4 citron, pressé

Les indications:

Prenez une passoire et frottez les moules en les rinçant à l'eau froide. Déballez les moules qui ne se referment pas si vous les tapotez, puis utilisez un couteau à éplucher pour retirer la barbe de chacune.

Sortez la casserole, mettez-la à feu moyen-élevé et ajoutez l'ail, les échalotes, le vin et le persil. Portez à ébullition. A ébullition, ajouter les moules et couvrir. Laissez-les mijoter pendant cinq à sept minutes. Assurez-vous qu'ils ne cuisent pas trop.

Utilisez une écumoire pour les retirer et ajoutez le jus de citron et l'huile d'olive dans la casserole. Bien mélanger et verser le bouillon sur les moules avant de servir avec le persil.

Nutrition (pour 100g): 345 Calories 9g Lipides 18g Glucides 37g Protéines 693mg Sodium

Saumon à l'aneth

Temps de préparation : 10 minutes

Temps de cuisson: 15 minutes

Portions : 2

Niveau de difficulté : moyen

Ingrédients:

- 2 filets de saumon de 6 oz chacun
- 1 cuillère à soupe d'huile d'olive
- 1/2 mandarine, jus
- 2 cuillères à café de zeste d'orange
- 2 cuillères à soupe d'aneth, frais et haché
- Sel de mer et poivre noir au goût

Les indications:

Préparez le four à 375 degrés, puis sortez deux morceaux de papier d'aluminium de dix pouces. Frottez vos filets d'huile d'olive des deux côtés avant de les assaisonner de sel et de poivre, en plaçant chaque filet dans du papier d'aluminium.

Verser le jus d'orange sur chacun, puis ajouter le zeste d'orange et l'aneth. Pliez le paquet fermé, en vous assurant qu'il y a un espace d'air de deux pouces à l'intérieur du papier d'aluminium pour que le poisson puisse cuire à la vapeur, puis placez-le sur une plaque à pâtisserie.

Cuire au four pendant un quart d'heure avant d'ouvrir les emballages et transférer sur deux assiettes de service. Verser la sauce sur chacun avant de servir.

Nutrition (pour 100g):366 Calories 14g Lipides 9g Glucides 36g Protéines 689mg Sodium

Saumon méditerranéen

Temps de préparation : 8 minutes

Temps de cuisson: 8 minutes

Portions : 2

Niveau de difficulté : facile

Ingrédients:

- Saumon, filet de 6 oz
- Citron, 2 tranches
- Câpres, 1 cuillère à soupe
- Sel de mer et poivre, 1/8 c.
- Huile d'olive extra vierge, 1 cuillère à soupe

Les indications:

Placer une poêle propre à feu moyen pour préparer pendant 3 minutes. Mettre l'huile d'olive dans une assiette et bien enrober le saumon. Cuire le saumon à feu vif dans la poêle.

Garnir le saumon avec le reste des ingrédients et retourner pour cuire de chaque côté. Remarquez quand les deux côtés sont bruns. Cela peut prendre 3 à 5 minutes par côté. Assurez-vous que le saumon est bien cuit en le testant avec une fourchette.

Servir avec des tranches de citron.

Nutrition (pour 100g): 371 calories 25,1 g de lipides 0,9 g de glucides 33,7 g de protéines 782 mg de sodium

Mélodie de thon

Temps de préparation : 20 minutes

Temps de cuisson: 20 minutes

Portions : 2

Niveau de difficulté : facile

Ingrédients:

- Thon, 12 oz
- Oignons verts, 1 pour la garniture
- Poivron, ¼, haché
- Vinaigre, 1 goutte
- Sel et poivre au goût
- Avocat, 1, coupé en deux et dénoyauté
- Yaourt grec, 2 cuillères à soupe

Les indications:

Mélanger le thon avec le vinaigre, l'oignon, le yaourt, l'avocat et le poivre dans un bol.

Ajouter les assaisonnements, mélanger et servir avec la garniture d'oignons verts.

Nutrition (pour 100g): 294 Calories 19g Lipides 10g Glucides 12g Protéines 836mg Sodium

Délicieux steaks

Temps de préparation : 10 minutes

Temps de cuisson: 20 minutes

Portions : 2

Niveau de difficulté : facile

Ingrédients:

- Huile d'olive, 1 cuillère à café
- Steak de flétan, 8 oz
- Ail, ½ cuillère à café, haché
- Beurre, 1 cuillère à soupe
- Sel et poivre au goût

Les indications:

Faire chauffer une poêle et ajouter l'huile. A feu moyen, dorer les steaks dans une poêle, faire fondre le beurre avec l'ail, saler et poivrer. Ajouter les steaks, remuer pour enrober et servir.

Nutrition (pour 100g): 284 Calories 17g Lipides 0.2g Glucides 8g Protéines 755mg Sodium

Saumon aux fines herbes

Temps de préparation : 8 minutes

Temps de cuisson: 18 minutes

Portions : 2

Niveau de difficulté : facile

Ingrédients:

- Saumon, 2 filets sans peau
- Gros sel au goût
- Huile d'olive extra vierge, 1 cuillère à soupe
- Citron, 1, tranché
- Romarin frais, 4 brins

Les indications:

Préchauffer le four à 400F. Placer du papier d'aluminium dans une rôtissoire et déposer le saumon dessus. Compléter le saumon avec le reste des ingrédients et enfourner pour 20 minutes. Servir immédiatement avec des quartiers de citron.

Nutrition (pour 100g): 257 calories 18 g de matières grasses 2,7 g de glucides 7 g de protéines 836 mg de sodium

Thon Glacé Fumé

Temps de préparation : 35 minutes

Temps de cuisson: 10 minutes

Portions : 2

Niveau de difficulté : facile

Ingrédients:

- Thon, steaks de 4 oz
- Jus d'orange, 1 cuillère à soupe
- Ail haché, ½ gousse
- Jus de citron, ½ cuillère à café
- Persil frais, 1 cuillère à soupe, haché
- Sauce soja, 1 cuillère à soupe
- Huile d'olive extra vierge, 1 cuillère à soupe
- Poivre noir moulu, ¼ c.
- Origan, ¼ cuillère à café

Les indications:

Choisissez un plat allant au four et ajoutez tous les ingrédients, sauf le thon. Bien mélanger, puis ajouter le thon à la marinade. Réfrigérer ce mélange pendant une demi-heure. Faites chauffer une poêle à griller et faites cuire le thon de chaque côté pendant 5 minutes. Servir après cuisson.

Nutrition (pour 100g): 200 Calories 7,9 g Lipides 0,3 g Glucides 10 g Protéines 734 mg Sodium

Flétan croustillant

Temps de préparation : 20 minutes

Temps de cuisson: 15 minutes

Portions : 2

Niveau de difficulté : facile

Ingrédients:

- Persil sur le dessus
- Aneth frais, 2 cuillères à soupe, haché
- Ciboulette fraîche, 2 cuillères à soupe, hachée
- Huile d'olive, 1 cuillère à soupe
- Sel et poivre au goût
- Flétan, filets, 6 oz
- Zeste de citron, ½ cuillère à café, finement râpé
- Yaourt grec, 2 cuillères à soupe

Les indications:

Préchauffer le four à 400F. Tapisser une plaque à pâtisserie de papier d'aluminium. Mettre tous les ingrédients dans une grande assiette et faire mariner les filets. Rincez et séchez les filets; puis mettez au four et faites cuire 15 minutes.

Nutrition (pour 100g): 273 Calories 7,2 g Lipides 0,4 g Glucides 9 g Protéines 783 mg Sodium

Thon facile et délicieux

Temps de préparation : 15 minutes

Temps de cuisson: 10 minutes

Portions : 2

Niveau de difficulté : facile

Ingrédients:

- Oeuf, ½
- Oignon, 1 cuillère à soupe, haché finement
- Céleri au top
- Sel et poivre au goût
- Ail, 1 gousse, hachée
- Thon en conserve, 7 oz
- Yaourt grec, 2 cuillères à soupe

Les indications:

Égouttez le thon, ajoutez l'œuf et le yaourt avec l'ail, salez et poivrez.

Dans un bol, mélanger ce mélange avec les oignons et façonner en boulettes. Prenez une grande poêle et faites dorer les boulettes de viande pendant 3 minutes de chaque côté. Égoutter et servir.

Nutrition (pour 100g): 230 Calories 13g Lipides 0.8g Glucides 10g Protéines 866mg Sodium

Moules O'Marina

Temps de préparation : 20 minutes
Temps de cuisson: 10 minutes
Portions : 2
Niveau de difficulté : facile

Ingrédients:

- Moules, lavées et décortiquées, 1 lb
- Lait de coco, ½ tasse
- Poivre de Cayenne, 1 cuillère à café
- Jus de citron frais, 1 cuillère à soupe
- Ail, 1 cuillère à café, haché
- Coriandre fraîche hachée pour la garniture
- Cassonade, 1 cuillère à café

Les indications:

Mélanger tous les ingrédients sauf les moules dans une casserole. Faites chauffer le mélange et portez-le à ébullition. Ajouter les moules et cuire 10 minutes. Servir dans un plat avec le liquide bouilli.

Nutrition (pour 100g): 483 calories 24,4 g de matières grasses 21,6 g de glucides 1,2 g de protéines 499 mg de sodium

Rôti de boeuf méditerranéen cuit lentement

Temps de préparation : 10 minutes
Temps de cuisson: 10 heures et 10 minutes
Portions : 6
Niveau de difficulté : moyen

Ingrédients:

- 3 livres de paleron rôti, désossé
- 2 cuillères à café de romarin
- ½ tasse de tomates, séchées au soleil et hachées
- 10 gousses d'ail râpées
- ½ tasse de bouillon de boeuf
- 2 cuillères à soupe de vinaigre balsamique
- ¼ tasse de persil italien haché, frais
- ¼ tasse d'olives hachées
- 1 cuillère à café de zeste de citron
- ¼ tasse de fromage gruau

Les indications:

Dans la mijoteuse, déposer l'ail, les tomates séchées et le rosbif. Ajouter le bouillon de bœuf et le romarin. Fermez la cocotte et faites cuire doucement pendant 10 heures.

A la fin de la cuisson, retirer la viande et effilocher la viande. Éliminer la graisse. Remettre le bœuf effiloché dans la mijoteuse et laisser mijoter 10 minutes. Dans un petit bol, mélanger le zeste de citron, le persil et les olives. Refroidissez le mélange jusqu'à ce que vous soyez prêt à servir. Garnir en utilisant le mélange refroidi.

Servez-le sur des pâtes ou des nouilles aux œufs. Garnissez-le de gruau de fromage.

Nutrition (pour 100g): 314 Calories 19g Lipides 1g Glucides 32g Protéines 778mg Sodium

Bœuf méditerranéen mijoté aux artichauts

Temps de préparation: 3 heures et 20 minutes
Temps de cuisson: 7 heures et 8 minutes
Portions : 6
Niveau de difficulté : facile

Ingrédients:

- 2 lb de boeuf pour ragoût
- 14 onces de coeurs d'artichauts
- 1 cuillère à soupe d'huile de pépins de raisin
- 1 oignon coupé en dés
- 32 onces de bouillon de boeuf
- 4 gousses d'ail, râpées
- 14 ½ onces de tomates en conserve, coupées en dés
- 15 onces de sauce tomate
- 1 cuillère à café d'origan séché
- ½ tasse d'olives dénoyautées et hachées
- 1 cuillère à café de persil séché
- 1 cuillère à café d'origan séché
- ½ cuillère à café de cumin moulu
- 1 cuillère à café de basilic séché
- 1 feuille de laurier
- ½ cuillère à café de sel

Les indications:

Dans une grande poêle antiadhésive, verser un filet d'huile et porter à feu moyen-vif. Rôtir la viande jusqu'à ce qu'elle dore des deux côtés. Transférer le bœuf dans une mijoteuse.

Ajouter le bouillon de bœuf, les tomates en dés, la sauce tomate, le sel et mélanger. Verser le bouillon de viande, les tomates en dés, l'origan, les olives, le basilic, le persil, le laurier et le cumin. Bien mélanger le mélange.

Fermer et laisser mijoter pendant 7 heures. Jetez la feuille de laurier au moment de servir. Servir chaud.

Nutrition (pour 100g): 416 calories 5 g de matières grasses 14,1 g de glucides 29,9 g de protéines 811 mg de sodium

Rôti maigre de style méditerranéen cuit lentement

Temps de préparation : 30 minutes
Temps de cuisson : 8 heures
Portions : 10
Niveau de difficulté : difficile

Ingrédients:

- 4 livres d'oeil rond rôti
- 4 gousses d'ail
- 2 cuillères à café d'huile d'olive
- 1 cuillère à café de poivre noir fraîchement moulu
- 1 tasse d'oignons hachés
- 4 carottes, hachées
- 2 cuillères à café de romarin séché
- 2 branches de céleri hachées
- 28 oz Purée de tomates en boîte
- 1 tasse de bouillon de boeuf faible en sodium
- 1 tasse de vin rouge
- 2 cuillères à café de sel

Les indications:

Assaisonner le rosbif de sel, d'ail et de poivre et réserver. Verser l'huile dans une poêle antiadhésive et porter à feu moyen-vif. Mettez-y la viande et faites-la rôtir jusqu'à ce qu'elle dore de tous les côtés. Transférez maintenant le rosbif dans une mijoteuse de 6 pintes. Ajouter les carottes, l'oignon, le romarin et le céleri dans la poêle. Poursuivre la cuisson jusqu'à ce que l'oignon et les légumes soient tendres.

Incorporer les tomates et le vin dans ce mélange de légumes. Ajouter le bouillon de bœuf et le mélange de tomates dans la mijoteuse avec le mélange de légumes. Fermer et cuire à feu doux pendant 8 heures.

Une fois la viande cuite, retirez-la de la mijoteuse et placez-la sur une planche à découper et enveloppez-la dans du papier d'aluminium. Pour épaissir la sauce, transférez-la dans une casserole et faites bouillir à feu doux jusqu'à ce qu'elle atteigne la consistance désirée. Jeter les graisses avant de servir.

Nutrition (pour 100g): 260 calories 6 g de matières grasses 8,7 g de glucides 37,6 g de protéines 588 mg de sodium

Pain de viande à la mijoteuse

Temps de préparation : 10 minutes

Temps de cuisson: 6 heures et 10 minutes

Portions : 8

Niveau de difficulté : moyen

Ingrédients:

- 2 livres de bison haché
- 1 courgette râpée
- 2 gros œufs
- Aérosol de cuisson à l'huile d'olive au besoin
- 1 courgette, râpée
- ½ tasse de persil, frais, haché finement
- ½ tasse de parmesan, râpé
- 3 cuillères à soupe de vinaigre balsamique
- 4 gousses d'ail, râpées
- 2 cuillères à soupe d'oignon haché
- 1 cuillère à soupe d'origan séché
- ½ cuillère à café de poivre noir moulu
- ½ cuillère à café de sel casher
- Pour le remplissage:
- ¼ tasse de mozzarella râpée
- ¼ tasse de ketchup sans sucre
- ¼ tasse de persil frais haché

Les indications:

Tapisser l'intérieur d'une mijoteuse de six pintes en lanières de papier d'aluminium. Versez dessus un peu d'huile de cuisson antiadhésive.

Dans un grand bol, mélanger le bison haché ou la surlonge hachée extra-maigre, les courgettes, les œufs, le persil, le vinaigre balsamique, l'ail, l'origan séché, le sel de mer ou kasher, l'oignon séché haché et le poivre noir moulu.

Placer ce mélange dans la mijoteuse et façonner un pain oblong. Couvrez la casserole, mettez à feu doux et laissez cuire 6 heures. Après la cuisson, ouvrez la cuisinière et étalez le ketchup sur tout le pain de viande.

Maintenant, placez le fromage sur le ketchup comme une nouvelle couche et fermez la mijoteuse. Laisser reposer le pain de viande sur ces deux couches pendant environ 10 minutes ou jusqu'à ce que le fromage commence à fondre. Garnir de persil frais et de mozzarella râpée.

Nutrition (pour 100g): 320 Calories 2g Lipides 4g Glucides 26g Protéines 681mg Sodium

Hoagies au bœuf méditerranéen à la mijoteuse

Temps de préparation : 10 minutes
Temps de cuisson : 13 heures
Portions : 6
Niveau de difficulté : moyen

Ingrédients:

- 3 livres de rosbif sans gras
- ½ cuillère à café de poudre d'oignon
- ½ cuillère à café de poivre noir
- 3 tasses de bouillon de bœuf à faible teneur en sodium
- 4 cuillères à café de mélange de vinaigrette
- 1 feuille de laurier
- 1 cuillère à soupe d'ail, haché
- 2 poivrons rouges coupés en fines lanières
- 16 onces de piment
- 8 fines tranches de Provolone Sargento
- 2 onces de pain sans gluten
- ½ cuillère à café de sel
- <u>Assaisonner:</u>
- 1 1/2 cuillères à soupe de poudre d'oignon
- 1 cuillère à soupe et demie de poudre d'ail
- 2 cuillères à soupe de persil séché

- 1 cuillère à soupe de stévia
- ½ cuillère à café de thym séché
- 1 cuillère à soupe d'origan séché
- 2 cuillères à soupe de poivre noir
- 1 cuillère à soupe de sel
- 6 tranches de fromage

Les indications:

Séchez le rôti avec une serviette en papier. Mélanger le poivre noir, la poudre d'oignon et le sel dans un petit bol et frotter le mélange sur le rôti. Placer le rôti assaisonné dans une mijoteuse.

Ajouter le bouillon, la vinaigrette, la feuille de laurier et l'ail dans la mijoteuse. Fusionnez-le délicatement. Fermer et programmer une cuisson douce pendant 12 heures. Après cuisson, retirer la feuille de laurier.

Sortez la viande cuite et effilochez la viande. Remettre la viande effilochée et ajouter les poivrons et. Ajouter les poivrons et le chili dans la mijoteuse. Couvrez la cuisinière et faites cuire à feu doux pendant 1 heure. Avant de servir, enrober chaque pain de 3 onces du mélange de viande. Garnissez-le d'une tranche de fromage. La sauce liquide peut être utilisée comme sauce.

Nutrition (pour 100g): 442 calories 11,5 g de matières grasses 37 g de glucides 49 g de protéines 735 mg de sodium

Rôti de Porc Méditerranéen

Temps de préparation : 10 minutes

Temps de cuisson: 8 heures et 10 minutes

Portions : 6

Niveau de difficulté : moyen

Ingrédients:

- 2 cuillères à soupe d'huile d'olive
- 2 livres de rôti de porc
- ½ cuillère à café de paprika
- ¾ tasse de bouillon de poulet
- 2 cuillères à café de sauge séchée
- ½ cuillère à soupe d'ail haché
- ¼ cuillère à café de marjolaine séchée
- ¼ cuillère à café de romarin séché
- 1 cuillère à café d'origan
- ¼ cuillère à café de thym séché
- 1 cuillère à café de basilic
- ¼ cuillère à café de sel casher

Les indications:

Dans un petit bol, mélanger le bouillon, l'huile, le sel et les épices.

Dans une poêle verser l'huile d'olive et porter à feu moyen-vif.

Mettez-y le porc et faites-le cuire jusqu'à ce que tous les côtés soient dorés.

Retirer le porc après cuisson et piquer le rôti avec un couteau. Placer le rôti de porc dans une mijoteuse de 6 pintes. Maintenant, versez le liquide du mélange du petit bol sur tout le rôti.

Fermez la cocotte et faites cuire à feu doux pendant 8 heures. Après la cuisson, retirez-le de la mijoteuse sur une planche à découper et déchiquetez-le en morceaux. Ensuite, ajoutez le porc effiloché dans la casserole. Laisser mijoter encore 10 minutes. Servir avec du fromage feta, du pain pita et des tomates.

Nutrition (pour 100g): 361 Calories 10,4 g Lipides 0,7 g Glucides 43,8 g Protéines 980 mg Sodium

Pizza au boeuf

Temps de préparation : 20 minutes

Temps de cuisson: 50 minutes

Portions : 10

Niveau de difficulté : difficile

Ingrédients:

- <u>Pour la pâte:</u>
- 3 tasses de farine tout usage
- 1 cuillère à soupe de sucre
- 2¼ cuillères à café de levure sèche active
- 1 cuillère à café de sel
- 2 cuillères à soupe d'huile d'olive
- 1 tasse d'eau tiède
- <u>Pour garnir:</u>
- 1 livre de boeuf haché
- 1 oignon moyen, haché
- 2 cuillères à soupe de pâte de tomate
- 1 cuillère à soupe de cumin moulu
- Sel et poivre noir moulu, au goût
- ¼ tasse d'eau
- 1 tasse d'épinards frais, hachés
- 8 onces de coeurs d'artichauts, coupés en quartiers
- 4 onces de champignons frais, tranchés

- 2 tomates, hachées
- 4 onces de fromage feta, émietté

Les indications:

Pour la pâte:

Mélanger la farine, le sucre, la levure chimique et le sel au batteur sur socle, à l'aide du crochet pétrisseur. Ajouter 2 cuillères à soupe d'huile et d'eau tiède et pétrir jusqu'à l'obtention d'une pâte lisse et élastique.

Former une boule de pâte et laisser reposer environ 15 minutes.

Placez la pâte sur une surface légèrement farinée et roulez-la en cercle. Placer la pâte dans un moule rond légèrement graissé et presser légèrement pour l'ajuster. Laisser reposer environ 10-15 minutes. Arroser la croûte d'un peu d'huile. Préchauffer le four à 400 degrés F.

Pour garnir:

Faire revenir le bœuf dans une poêle antiadhésive à feu moyen-élevé pendant environ 4-5 minutes. Ajouter l'oignon et cuire environ 5 minutes en remuant fréquemment. Ajouter la pâte de tomate, le cumin, le sel, le poivre noir et l'eau et remuer pour combiner.

Réglez le feu à moyen et laissez cuire environ 5 à 10 minutes. Retirer du feu et réserver. Placer le mélange de bœuf sur la croûte à pizza et garnir avec les épinards, puis les artichauts, les champignons, les tomates et la feta.

Cuire jusqu'à ce que le fromage soit fondu. Retirer du four et laisser reposer environ 3 à 5 minutes avant de trancher. Couper en tranches de la taille désirée et servir.

Nutrition (pour 100g): 309 calories 8,7 g de matières grasses 3,7 g de glucides 3,3 g de protéines 732 mg de sodium

Boulettes de boeuf et boulgour

Temps de préparation : 20 minutes

Temps de cuisson: 28 minutes

Portions : 6

Niveau de difficulté : moyen

Ingrédients:

- ¾ tasse de boulgour cru
- 1 livre de boeuf haché
- ¼ tasse d'échalotes, hachées
- ¼ tasse de persil frais, haché
- ½ cuillère à café de piment de la Jamaïque moulu
- ½ cuillère à café de cumin moulu
- ½ cuillère à café de cannelle moulue
- ¼ cuillère à café de flocons de piment rouge, broyés
- Sel, juste assez
- 1 cuillère à soupe d'huile d'olive

Les indications:

Dans un grand bol d'eau froide, faire tremper le boulgour environ 30 minutes. Bien égoutter le boulgour puis le presser avec les mains pour enlever l'excédent d'eau. Dans un robot culinaire, ajouter le boulgour, le bœuf, les échalotes, le persil, les épices, le sel et les légumineuses jusqu'à homogénéité.

Placer le mélange dans un bol et placer au réfrigérateur, couvert, pendant environ 30 minutes. Retirer du réfrigérateur et former des galettes de taille égale à partir du mélange de bœuf. Dans une grande poêle antiadhésive, chauffer l'huile à feu moyen-élevé et cuire les boulettes de viande en 2 fois pendant environ 13-14 minutes, en les retournant fréquemment. Servir chaud.

Nutrition (pour 100g): 228 Calories 7,4 g Lipides 0,1 g Glucides 3,5 g Protéines 766 mg Sodium

Bœuf et brocoli savoureux

Temps de préparation : 10 minutes

Temps de cuisson: 15 minutes

Portions : 4

Niveau de difficulté : facile

Ingrédients:

- 1 et 1/2 livres. bifteck de flanc
- 1 cuillère à soupe. huile d'olive
- 1 cuillère à soupe. sauce tamari
- 1 tasse de bouillon de boeuf
- 1 livre de brocoli, bouquets séparés

Les indications:

Mélanger les lanières de steak avec l'huile et le tamari, remuer et laisser reposer 10 minutes. Sélectionnez votre Instant Pot en mode sauté, placez les lanières de bœuf et faites revenir 4 minutes de chaque côté. Incorporer le bouillon, couvrir à nouveau la casserole et cuire à feu vif pendant 8 minutes. Incorporer le brocoli, couvrir et cuire à feu vif pendant encore 4 minutes. Répartissez le tout dans les assiettes et servez. Apprécier!

Nutrition (pour 100g): 312 Calories 5g Lipides 20g Glucides 4g Protéines 694mg Sodium

Chili au boeuf et au maïs

Temps de préparation : 8-10 minutes

Temps de cuisson: 30 minutes

Portions : 8

Niveau de difficulté : moyen

Ingrédients:

- 2 petits oignons, hachés (finement)
- ¼ tasse de maïs en conserve
- 1 cuillère à soupe d'huile
- 10 oz de boeuf haché maigre
- 2 petits piments, coupés en dés

Les indications:

Allumez l'Instant Pot. Cliquez sur "SAUTE". Verser l'huile, puis incorporer les oignons, le piment et le boeuf; cuire jusqu'à ce qu'il soit translucide et ramolli. Versez 3 tasses d'eau dans la casserole; bien mélanger.

Fermez le couvercle. Sélectionnez "VIANDE / RAGOÛT". Réglez la minuterie sur 20 minutes. Laisser cuire jusqu'à ce que la minuterie se réinitialise.

Cliquez sur "ANNULER" puis sur "NPR" pour une pression de libération naturelle pendant environ 8 à 10 minutes. Ouvrir puis déposer le pyrophile sur des assiettes de service. Servir.

Nutrition (pour 100g): 94 Calories 5g Lipides 2g Glucides 7g Protéines 477mg Sodium

Plat de boeuf balsamique

Temps de préparation : 5 minutes

Temps de cuisson: 55 minutes

Portions : 8

Niveau de difficulté : moyen

Ingrédients:

- 3 livres de mandrin rôti
- 3 gousses d'ail, coupées en fines tranches
- 1 cuillère à soupe d'huile
- 1 cuillère à café de vinaigre aromatisé
- ½ cuillère à café de poivre
- ½ cuillère à café de romarin
- 1 cuillère à soupe de beurre
- ½ cuillère à café de thym
- ¼ tasse de vinaigre balsamique
- 1 tasse de bouillon de boeuf

Les indications:

Trancher le rôti et farcir les gousses d'ail partout. Mélanger le vinaigre aromatisé, le romarin, le poivre, le thym et frotter le mélange dans le rôti. Sélectionnez la casserole en mode sauté et mélangez avec l'huile, laissez l'huile chauffer. Cuire les deux faces du rôti.

Sortez-le et mettez-le de côté. Mélanger le beurre, le bouillon, le vinaigre balsamique et déglacer la cocotte. Remettre le rôti et fermer le couvercle, puis cuire à HAUTE pression pendant 40 minutes.

Effectuez une libération rapide. Servir!

Nutrition (pour 100g): 393 Calories 15g Lipides 25g Glucides 37g Protéines 870mg Sodium

Rôti de boeuf à la sauce soja

Temps de préparation : 8 minutes

Temps de cuisson: 35 mn

Portions : 2-3

Niveau de difficulté : moyen

Ingrédients:

- ½ cuillère à café de bouillon de boeuf
- 1 ½ cuillère à café de romarin
- ½ cuillère à café d'ail haché
- 2 livres de rosbif
- 1/3 tasse de sauce soja

Les indications:

Mélanger la sauce soja, le bouillon, le romarin et l'ail dans un bol à mélanger.

Allumez votre pot instantané. Placer le rôti et verser suffisamment d'eau pour couvrir le rôti; remuer doucement pour bien mélanger. Bien sceller.

Cliquez sur la fonction de cuisson « MEAT / STEW » ; réglez le niveau de pression sur "ÉLEVÉ" et réglez le temps de cuisson sur 35 minutes. Laissez monter la pression pour cuire les ingrédients. Une fois terminé, cliquez sur le paramètre "ANNULER", puis cliquez sur la fonction de cuisson "NPR" pour relâcher la pression naturellement.

Ouvrez progressivement le couvercle et hachez la viande.

Incorporer la viande hachée dans le terreau et bien mélanger.

Transférer dans des contenants de service. Servir chaud.

Nutrition (pour 100g): 423 Calories 14g Lipides 12g Glucides 21g Protéines 884mg Sodium

Rôti de boeuf au romarin

Temps de préparation : 5 minutes

Temps de cuisson: 45 minutes

Portions : 5-6

Niveau de difficulté : moyen

Ingrédients:

- 3 livres de rosbif
- 3 gousses d'ail
- ¼ tasse de vinaigre balsamique
- 1 brin de romarin frais
- 1 brin de thym frais
- 1 tasse d'eau
- 1 cuillère à soupe d'huile végétale
- Sel et poivre au goût

Les indications:

Couper les tranches dans le rôti de bœuf et déposer les gousses d'ail dessus. Frotter le rôti avec les herbes, le poivre noir et le sel. Préchauffez l'Instant Pot en utilisant le réglage de sauté et versez l'huile. Une fois chaud, ajouter le rosbif et cuire à la poêle jusqu'à ce qu'il soit doré de tous les côtés. Ajouter les ingrédients restants; mélanger délicatement.

Fermez hermétiquement et faites cuire à feu vif pendant 40 minutes en utilisant le réglage manuel. Laissez la pression se relâcher naturellement, environ 10 minutes. Découvrir et disposer le rosbif sur des assiettes de service, trancher et servir.

Nutrition (pour 100g): 542 calories 11,2 g de matières grasses 8,7 g de glucides 55,2 g de protéines 710 mg de sodium

Côtes de porc et sauce tomate

Temps de préparation : 10 minutes

Temps de cuisson: 20 minutes

Portions : 4

Niveau de difficulté : facile

Ingrédients:

- 4 côtelettes de porc désossées
- 1 cuillère à soupe de sauce soja
- ¼ cuillère à café d'huile de sésame
- 1 1/2 tasse de pâte de tomate
- 1 oignon jaune
- 8 champignons, tranchés

Les indications:

Dans un bol, mélanger les travers de porc avec la sauce soja et l'huile de sésame, mélanger et réserver 10 minutes. Réglez votre Instant Pot en mode sauté, ajoutez les côtelettes de porc et faites sauter pendant 5 minutes de chaque côté. Incorporer l'oignon et cuire encore 1-2 minutes. Ajouter la pâte de tomate et les champignons, remuer, couvrir et cuire à feu vif pendant 8-9 minutes. Répartissez le tout dans les assiettes et servez. Apprécier!

Nutrition (pour 100g): 300 Calories 7g Lipides 18g Glucides 4g Protéines 801mg Sodium

Poulet sauce aux câpres

Temps de préparation : 10 minutes

Temps de cuisson: 18 minutes

Portions : 5

Niveau de difficulté : difficile

Ingrédients:

- <u>Pour le poulet :</u>
- 2 oeufs
- Sel et poivre noir moulu, au goût
- 1 tasse de chapelure sèche
- 2 cuillères à soupe d'huile d'olive
- 1 1/2 livre de poitrine de poulet désossée et sans peau coupée en deux, pilée à 3/4 de pouce d'épaisseur et coupée en morceaux
- <u>Pour la sauce aux câpres :</u>
- 3 cuillères à soupe de câpres
- ½ verre de vin blanc sec
- 3 cuillères à soupe de jus de citron frais
- Sel et poivre noir moulu, au goût
- 2 cuillères à soupe de persil frais haché

Les indications:

Pour le poulet : dans un plat allant au four peu profond, ajouter les œufs, le sel et le poivre noir et battre jusqu'à ce qu'ils soient combinés. Dans une autre assiette creuse, déposer la chapelure.

Tremper les morceaux de poulet dans le mélange d'œufs et les enrober uniformément de chapelure. Secouez l'excédent de chapelure.

Cuire l'huile à feu moyen et cuire les morceaux de poulet environ 5 à 7 minutes de chaque côté ou jusqu'à la cuisson désirée. À l'aide d'une écumoire, disposer les morceaux de poulet sur une assiette tapissée de papier absorbant. Avec un morceau de papier d'aluminium, couvrir les morceaux de poulet pour les garder au chaud.

Dans la même casserole, incorporer tous les ingrédients de la sauce sauf le persil et cuire environ 2-3 minutes en remuant constamment. Incorporer le persil et retirer du feu. Servir les morceaux de poulet avec la sauce aux câpres.

Nutrition (pour 100g): 352 calories 13,5 g de lipides 1,9 g de glucides 1,2 g de protéines 741 mg de sodium

Burger de dinde avec salsa à la mangue

Temps de préparation : 15 minutes

Temps de cuisson: 10 minutes

Portions : 6

Niveau de difficulté : facile

Ingrédients:

- 1 1/2 livre de poitrine de dinde hachée
- 1 cuillère à café de sel de mer, divisée
- ¼ cuillère à café de poivre noir fraîchement moulu
- 2 cuillères à soupe d'huile d'olive extra vierge
- 2 mangues, pelées, dénoyautées et coupées en dés
- ½ oignon rouge, haché finement
- Jus de 1 citron vert
- 1 gousse d'ail, hachée
- ½ piment jalapeño, épépiné et finement haché
- 2 cuillères à soupe de feuilles de coriandre fraîche hachées

Les indications:

Façonner la poitrine de dinde en 4 galettes et assaisonner avec 1/2 cuillères à café de sel de mer et de poivre. Faites cuire l'huile d'olive dans une poêle anti-adhésive jusqu'à ce qu'elle frémisse. Ajouter les boulettes de dinde et cuire environ 5 minutes de chaque côté jusqu'à ce qu'elles soient dorées. Pendant la cuisson des boulettes de viande, mélanger la mangue, l'oignon rouge, le jus de citron vert, l'ail, le piment jalapeño, la coriandre et la 1/2 cuillère à café de sel de mer restante dans un petit bol. Verser la sauce sur les boulettes de dinde et servir.

Nutrition (pour 100g): 384 calories 3 g de matières grasses 27 g de glucides 34 g de protéines 692 mg de sodium

Poitrine De Dinde Rôtie Aux Herbes

Temps de préparation : 15 minutes

Temps de cuisson: 1h30 (plus 20 minutes de repos)

Portions : 6

Niveau de difficulté : moyen

Ingrédients:

- 2 cuillères à soupe d'huile d'olive extra vierge
- 4 gousses d'ail, hachées
- Zest de 1 citron
- 1 cuillère à soupe de feuilles de thym frais hachées
- 1 cuillère à soupe de feuilles de romarin frais hachées
- 2 cuillères à soupe de feuilles de persil italien frais hachées
- 1 cuillère à café de moutarde moulue
- 1 cuillère à café de sel de mer
- ¼ cuillère à café de poivre noir fraîchement moulu
- 1 (6 lb) poitrine de dinde avec os et peau
- 1 verre de vin blanc sec

Les indications:

Préchauffer le four à 325 ° F. Mélanger l'huile d'olive, l'ail, le zeste de citron, le thym, le romarin, le persil, la moutarde, le sel de mer et le poivre. Badigeonnez uniformément le mélange d'herbes sur la surface de la poitrine de dinde, en desserrant la peau, et frottez également en dessous. Placer la poitrine de dinde dans une rôtissoire sur une grille, côté peau vers le haut.

Verser le vin dans la casserole. Cuire au four 1 à 1 1/2 heures jusqu'à ce que la dinde atteigne une température interne de 165 degrés F. Retirer du four et mettre séparément pendant 20 minutes, enveloppé dans du papier d'aluminium pour garder au chaud, avant de découper.

Nutrition (pour 100g): 392 Calories 1g Lipides 2g Glucides 84g Protéines 741mg Sodium

Saucisse de poulet et pepperoni

Temps de préparation : 10 minutes

Temps de cuisson: 20 minutes

Portions : 6

Niveau de difficulté : moyen

Ingrédients:

- 2 cuillères à soupe d'huile d'olive extra vierge
- 6 saucisses de poulet italiennes
- 1 oignon
- 1 poivron rouge
- 1 poivron vert
- 3 gousses d'ail, hachées
- ½ verre de vin blanc sec
- ½ cuillère à café de sel de mer
- ¼ cuillère à café de poivre noir fraîchement moulu
- Pincez les flocons de piment rouge

Les indications:

Faites cuire l'huile d'olive dans une grande poêle jusqu'à ce qu'elle frémisse. Ajouter les saucisses et cuire pendant 5 à 7 minutes, en les retournant de temps en temps, jusqu'à ce qu'elles soient dorées et atteignent une température interne de 50 ° C. Avec des pinces, retirer la saucisse de la poêle et réserver sur un plat de service, en étirant avec du papier d'aluminium pour garder au chaud .

Remettre la casserole sur le feu et ajouter l'oignon, le poivron rouge et le poivron vert. Cuire et remuer de temps en temps, jusqu'à ce que les légumes commencent à dorer. Ajouter l'ail et cuire 30 secondes en remuant constamment.

Incorporer le vin, le sel de mer, le poivre et les flocons de piment rouge. Retirer et incorporer les morceaux dorés du fond du moule. Laisser mijoter environ 4 minutes de plus, en remuant, jusqu'à ce que le liquide soit réduit de moitié. Répartir les poivrons sur les saucisses et servir.

Nutrition (pour 100g): 173 calories 1 g de matières grasses 6 g de glucides 22 g de protéines 582 mg de sodium

Poulet Piccata

Temps de préparation : 10 minutes

Temps de cuisson: 15 minutes

Portions : 6

Niveau de difficulté : moyen

Ingrédients:

- ½ tasse de farine de blé entier
- ½ cuillère à café de sel de mer
- 1/8 cuillère à café de poivre noir fraîchement moulu
- 1 1/2 livres de poitrine de poulet, coupée en 6 morceaux
- 3 cuillères d'huile d'olive extra vierge
- 1 tasse de bouillon de poulet non salé
- ½ verre de vin blanc sec
- Jus de 1 citron
- Zest de 1 citron
- ¼ tasse de câpres, égouttées et rincées
- ¼ tasse de persil frais haché

Les indications:

Dans un bol profond, fouetter ensemble la farine, le sel marin et le poivre. Fariner le poulet et couper l'excédent. Cuire l'huile d'olive jusqu'à ce qu'elle frémisse.

Placer le poulet et cuire environ 4 minutes de chaque côté jusqu'à ce qu'il soit doré. Retirer le poulet de la poêle et réserver, couvert de papier d'aluminium pour le garder au chaud.

Remettre la casserole sur le feu et ajouter le bouillon, le vin, le jus de citron, le zeste de citron et les câpres. Utilisez le côté d'une cuillère et incorporez les morceaux dorés du fond de la casserole. Laisser mijoter jusqu'à ce que le liquide épaississe. Retirer la casserole du feu et remettre le poulet dans la casserole. Tourner pour enrober. Ajouter le persil et servir.

Nutrition (pour 100g): 153 Calories 2g Lipides 9g Glucides 8g Protéines 692mg Sodium

Poulet toscan dans une casserole

Temps de préparation : 10 minutes

Temps de cuisson: 25 minutes

Portions : 6

Niveau de difficulté : difficile

Ingrédients:

- ¼ tasse d'huile d'olive extra vierge, divisée
- 1 livre de poitrines de poulet désossées et sans peau, coupées en morceaux d'un pouce
- 1 oignon, haché
- 1 poivron rouge, haché
- 3 gousses d'ail, hachées
- ½ verre de vin blanc sec
- 1 boîte (14 oz) de tomates broyées, non égouttées
- 1 boîte (14 oz) de tomates hachées, égouttées
- 1 (14 oz) boîte de haricots blancs, égouttés
- 1 cuillère à soupe d'assaisonnement italien séché
- ½ cuillère à café de sel de mer
- 1/8 cuillère à café de poivre noir fraîchement moulu
- 1/8 cuillère à café de flocons de piment rouge
- ¼ tasse de feuilles de basilic frais hachées

Les indications:

Faites cuire 2 cuillères à soupe d'huile d'olive jusqu'à ce qu'elle scintille. Incorporer le poulet et cuire jusqu'à ce qu'il soit doré.

Retirer le poulet de la poêle et réserver sur un plat de service, tapissé de papier d'aluminium pour le garder au chaud.

Remettez la casserole sur le feu et faites chauffer le reste d'huile d'olive. Ajouter l'oignon et le poivron rouge. Cuire et remuer rarement, jusqu'à ce que les légumes soient tendres. Mettre l'ail et cuire 30 secondes en remuant constamment.

Incorporer le vin et utiliser le côté de la cuillère pour gratter les morceaux dorés du fond de la casserole. Cuire 1 minute en remuant.

Incorporer la purée et les tomates hachées, les haricots blancs, l'assaisonnement italien, le sel de mer, le poivre et les flocons de piment rouge. Laisser mijoter. Cuire 5 minutes en remuant de temps en temps.

Remettre le poulet et la sauce recueillie dans la poêle. Cuire jusqu'à ce que le poulet soit bien cuit. Retirer du feu et incorporer le basilic avant de servir.

Nutrition (pour 100g): 271 Calories 8g Lipides 29g Glucides 14g Protéines 596mg Sodium

Poulet Kapama

Temps de préparation : 10 minutes

Temps de cuisson : 2 heures

Portions : 4

Niveau de difficulté : moyen

Ingrédients:

- 1 boîte (32 oz) de tomates hachées, égouttées
- ¼ tasse de vin blanc sec
- 2 cuillères à soupe de pâte de tomate
- 3 cuillères d'huile d'olive extra vierge
- ¼ cuillère à café de flocons de piment rouge
- 1 cuillère à café de piment de la Jamaïque moulu
- ½ cuillère à café d'origan séché
- 2 clous de girofle entiers
- 1 bâton de cannelle
- ½ cuillère à café de sel de mer
- 1/8 cuillère à café de poivre noir fraîchement moulu
- 4 demi-poitrines de poulet désossées et sans peau

Les indications:

Mélanger les tomates, le vin, la pâte de tomate, l'huile d'olive, les flocons de piment rouge, le piment de la Jamaïque, l'origan, les clous de girofle, le bâton de cannelle, le sel de mer et le poivre dans une casserole spacieuse. Porter à ébullition en remuant de temps en temps. Laisser mijoter 30 minutes en remuant de temps en temps. Retirez et jetez les clous de girofle entiers et le bâton de cannelle de la sauce et laissez la sauce refroidir.

Préchauffer le four à 350 ° F. Placer le poulet dans un plat allant au four de 9 x 13 pouces. Verser la sauce sur le poulet et recouvrir la poêle de papier d'aluminium. Poursuivre la cuisson jusqu'à ce que la température interne atteigne 165°F.

Nutrition (pour 100g): 220 Calories 3g Lipides 11g Glucides 8g Protéines 923mg Sodium

Poitrines de poulet farcies aux épinards et fromage feta

Temps de préparation : 10 minutes
Temps de cuisson: 45 minutes
Portions : 4
Niveau de difficulté : moyen

Ingrédients:

- 2 cuillères à soupe d'huile d'olive extra vierge
- 1 lb de bébés épinards frais
- 3 gousses d'ail, hachées
- Zest de 1 citron
- ½ cuillère à café de sel de mer
- 1/8 cuillère à café de poivre noir fraîchement moulu
- ½ tasse de fromage feta émietté
- 4 poitrines de poulet désossées et sans peau

Les indications:

Préchauffer le four à 350 ° F. Cuire l'huile d'olive à feu moyen jusqu'à ce qu'elle scintille. Ajouter les épinards. Poursuivre la cuisson et remuer jusqu'à ce qu'il ramollisse.

Incorporer l'ail, le zeste de citron, le sel de mer et le poivre. Cuire 30 secondes en remuant constamment. Laisser refroidir un peu et incorporer le fromage.

Étendre le mélange d'épinards et de fromage en une couche uniforme sur les morceaux de poulet et rouler les poitrines autour de la garniture. Maintenir fermé avec des cure-dents ou de la ficelle de boucher. Placer la poitrine dans un plat allant au four de 9 x 13 pouces et cuire au four pendant 30 à 40 minutes, ou jusqu'à ce que le poulet ait une température interne de 165 ° F. Retirer du four et mettre de côté pendant 5 minutes avant de trancher et de servir.

Nutrition (pour 100g): 263 calories 3 g de matières grasses 7 g de glucides 17 g de protéines 639 mg de sodium

Cuisses De Poulet Rôties Au Romarin

Temps de préparation : 5 minutes

Temps de cuisson : 1 heure

Portions : 6

Niveau de difficulté : facile

Ingrédients:

- 2 cuillères à soupe de feuilles de romarin frais hachées
- 1 cuillère à café d'ail en poudre
- ½ cuillère à café de sel de mer
- 1/8 cuillère à café de poivre noir fraîchement moulu
- Zest de 1 citron
- 12 cuisses de poulet

Les indications:

Préchauffer le four à 350 ° F. Incorporer le romarin, la poudre d'ail, le sel marin, le poivre et le zeste de citron.

Placer les pilons dans un plat allant au four de 9 x 13 pouces et saupoudrer du mélange de romarin. Cuire jusqu'à ce que le poulet atteigne une température interne de 50°C.

Nutrition (pour 100g): 163 calories 1 g de matières grasses 2 g de glucides 26 g de protéines 633 mg de sodium

Poulet aux oignons, pommes de terre, figues et carottes

Temps de préparation : 5 minutes

Temps de cuisson: 45 minutes

Portions : 4

Niveau de difficulté : moyen

Ingrédients:

- 2 tasses de pommes de terre rattes, coupées en deux
- 4 figues fraîches, coupées en quartiers
- 2 carottes, coupées en julienne
- 2 cuillères à soupe d'huile d'olive extra vierge
- 1 cuillère à café de sel de mer, divisée
- ¼ cuillère à café de poivre noir fraîchement moulu
- 4 quarts de cuisse de poulet
- 2 cuillères à soupe de feuilles de persil frais hachées

Les indications:

Préchauffer le four à 425 ° F. Dans un petit bol, mélanger les pommes de terre, les figues et les carottes avec l'huile d'olive, ½ cuillère à café de sel de mer et le poivre. Répartir dans un plat allant au four de 9 x 13 pouces.

Assaisonner le poulet avec le reste du sel marin. Mettez-le sur les légumes. Cuire jusqu'à ce que les légumes soient tendres et que le poulet atteigne une température interne de 50° C. Saupoudrer de persil et servir.

Nutrition (pour 100g): 429 calories 4 g de matières grasses 27 g de glucides 52 g de protéines 581 mg de sodium

Poulet et Tzatziki

Temps de préparation : 15 minutes

Temps de cuisson: 1 heure et 20 minutes

Portions : 6

Niveau de difficulté : moyen

Ingrédients:

- 1 lb de poitrine de poulet hachée
- 1 oignon râpé avec l'excès d'eau pressé
- 2 cuillères à soupe de romarin séché
- 1 cuillère à soupe de marjolaine séchée
- 6 gousses d'ail, hachées
- ½ cuillère à café de sel de mer
- ¼ cuillère à café de poivre noir fraîchement moulu
- Sauce tzatziki grecque

Les indications:

Préchauffer le four à 350 ° F. Mélanger le poulet, l'oignon, le romarin, la marjolaine, l'ail, le sel de mer et le poivre à l'aide d'un robot culinaire. Mélanger jusqu'à ce qu'il forme une pâte. Alternativement, mélanger ces ingrédients dans un bol jusqu'à ce qu'ils soient bien combinés (voir conseil de préparation).

Presser le mélange dans une casserole. Cuire jusqu'à ce qu'il atteigne la température interne de 165 degrés. Retirer du four et laisser reposer 20 minutes avant de trancher.

Trancher le gyro et verser sur la sauce tzatziki.

Nutrition (pour 100g): 289 calories 1 g de matières grasses 20 g de glucides 50 g de protéines 622 mg de sodium

Moussaka

Temps de préparation : 10 minutes

Temps de cuisson: 45 minutes

Portions : 8

Niveau de difficulté : difficile

Ingrédients:

- 5 cuillères à soupe d'huile d'olive extra vierge, divisée
- 1 aubergine, tranchée (avec la peau)
- 1 oignon, haché
- 1 poivron vert, épépiné et haché
- 1 livre de dinde hachée
- 3 gousses d'ail, hachées
- 2 cuillères à soupe de pâte de tomate
- 1 boîte (14 oz) de tomates hachées, égouttées
- 1 cuillère à soupe d'assaisonnement italien
- 2 cuillères à café de sauce Worcestershire
- 1 cuillère à café d'origan séché
- ½ cuillère à café de cannelle moulue
- 1 tasse de yogourt grec sans gras non sucré
- 1 oeuf, battu
- ¼ cuillère à café de poivre noir fraîchement moulu
- ¼ cuillère à café de muscade moulue
- ¼ tasse de parmesan râpé
- 2 cuillères à soupe de feuilles de persil frais hachées

Les indications:

Préchauffer le four à 400 ° F. Cuire 3 cuillères à soupe d'huile d'olive jusqu'à ce qu'elle scintille. Ajouter les aubergines tranchées et faire dorer 3-4 minutes de chaque côté. Transférer sur des serviettes en papier pour égoutter.

Remettre la poêle sur le feu et verser les 2 cuillères à soupe d'huile d'olive restantes. Ajouter l'oignon et le poivron vert. Poursuivre la cuisson jusqu'à ce que les légumes soient tendres. Retirer de la poêle et réserver.

Sortez la poêle du feu et ajoutez la dinde. Cuire environ 5 minutes, en émiettant à la cuillère, jusqu'à ce qu'ils soient dorés. Incorporer l'ail et cuire 30 secondes en remuant constamment.

Incorporer la pâte de tomate, les tomates, l'assaisonnement italien, la sauce Worcestershire, l'origan et la cannelle. Remettre l'oignon et le poivron dans la poêle. Cuire 5 minutes en remuant. Mélanger le yaourt, l'œuf, le poivre, la muscade et le fromage.

Disposer la moitié du mélange de viande dans un plat allant au four de 9 x 13 pouces. Disposer avec la moitié des aubergines. Ajouter le reste du mélange de viande et les aubergines restantes. Tartiner avec le mélange de yogourt. Cuire jusqu'à coloration. Garnir de persil et servir.

Nutrition (pour 100g): 338 calories 5 g de matières grasses 16 g de glucides 28 g de protéines 569 mg de sodium

Filet mignon de porc de Dijon aux herbes

Temps de préparation : 10 minutes

Temps de cuisson: 30 minutes

Portions : 6

Niveau de difficulté : moyen

Ingrédients:

- ½ tasse de feuilles de persil italien frais, hachées
- 3 cuillères à soupe de feuilles de romarin frais, hachées
- 3 cuillères à soupe de feuilles de thym frais, hachées
- 3 cuillères à soupe de moutarde de Dijon
- 1 cuillère à soupe d'huile d'olive extra vierge
- 4 gousses d'ail, hachées
- ½ cuillère à café de sel de mer
- ¼ cuillère à café de poivre noir fraîchement moulu
- 1 filet de porc (1 ½ livre)

Les indications:

Préchauffer le four à 400 ° F. Mélanger le persil, le romarin, le thym, la moutarde, l'huile d'olive, l'ail, le sel marin et le poivre. Mélanger pendant environ 30 secondes jusqu'à consistance lisse. Étendre uniformément le mélange sur le porc et déposer sur une plaque à pâtisserie à rebords.

Cuire jusqu'à ce que la viande atteigne une température interne de 140 ° F. Retirer du four et réserver 10 minutes avant de trancher et de servir.

Nutrition (pour 100g): 393 Calories 3g Lipides 5g Glucides 74g Protéines 697mg Sodium

Steak avec sauce aux champignons et vin rouge

Temps de préparation: minutes plus 8 heures pour mariner

Temps de cuisson: 20 minutes

Portions : 4

Niveau de difficulté : difficile

Ingrédients:

- Pour la marinade et le steak
- 1 tasse de vin rouge sec
- 3 gousses d'ail, hachées
- 2 cuillères à soupe d'huile d'olive extra vierge
- 1 cuillère à soupe de sauce soja faible en sodium
- 1 cuillère à soupe de thym séché
- 1 cuillère à café de moutarde de Dijon
- 2 cuillères à soupe d'huile d'olive extra vierge
- 1 à 1 1/2 livre bifteck de jupe, bifteck de fer plat ou bifteck de dessous de plat
- Pour la sauce aux champignons
- 2 cuillères à soupe d'huile d'olive extra vierge
- 1 lb de champignons cremini, coupés en quartiers
- ½ cuillère à café de sel de mer
- 1 cuillère à café de thym séché

- 1/8 cuillère à café de poivre noir fraîchement moulu
- 2 gousses d'ail, hachées
- 1 tasse de vin rouge sec

Les indications:

Pour faire la marinade et le steak

Dans un petit bol, fouetter le vin, l'ail, l'huile d'olive, la sauce soya, le thym et la moutarde. Verser dans un sac refermable et ajouter le steak. Faire mariner le steak au réfrigérateur pendant 4 à 8 heures. Retirez le steak de la marinade et séchez-le avec du papier absorbant.

Faites cuire l'huile d'olive dans une grande poêle jusqu'à ce qu'elle frémisse.

Placez le steak et faites cuire environ 4 minutes de chaque côté jusqu'à ce qu'il soit bien doré de chaque côté et que le steak atteigne une température interne de 140 ° F. Retirez le steak de la poêle et placez-le sur une assiette recouverte de papier d'aluminium pour le garder au frais, pendant que vous préparez le sauce aux champignons.

Lorsque la sauce aux champignons est prête, coupez le steak contre le grain en tranches de ½ pouce d'épaisseur.

Pour faire la sauce aux champignons

Faire cuire l'huile dans la même poêle à feu moyen-vif. Ajouter les champignons, le sel marin, le thym et le poivre. Cuire environ 6 minutes, en remuant très rarement, jusqu'à ce que les champignons soient dorés.

Faire revenir l'ail. Incorporer le vin et utiliser le côté d'une cuillère en bois pour gratter les morceaux dorés du fond de la casserole. Cuire jusqu'à ce que le liquide soit réduit de moitié. Servir les champignons à la cuillère sur le steak.

Nutrition (pour 100g): 405 Calories 5g Lipides 7g Glucides 33g Protéines 842mg Sodium

Boulettes de viande à la grecque

Temps de préparation : 20 minutes

Temps de cuisson: 25 minutes

Portions : 4

Niveau de difficulté : moyen

Ingrédients:

- 2 tranches de pain complet
- 1 ¼ livre de dinde hachée
- 1 oeuf
- ¼ tasse de chapelure complète assaisonnée
- 3 gousses d'ail, hachées
- ¼ oignon rouge, râpé
- ¼ tasse de persil italien frais haché
- 2 cuillères à soupe de feuilles de menthe fraîche hachées
- 2 cuillères à soupe de feuilles d'origan frais hachées
- ½ cuillère à café de sel de mer
- ¼ cuillère à café de poivre noir fraîchement moulu

Les indications:

Préchauffer le four à 350 ° F. Placer du papier parchemin ou du papier d'aluminium sur une plaque à pâtisserie. Passer le pain sous l'eau pour le mouiller et essorer l'excédent. Coupez le pain trempé en petits morceaux et placez-les dans un bol moyen.

Ajouter la dinde, l'œuf, la chapelure, l'ail, l'oignon rouge, le persil, la menthe, l'origan, le sel marin et le poivre. Bien mélanger. Façonner le mélange en boules de ¼ de tasse. Placer les galettes sur la plaque à pâtisserie préparée et cuire au four environ 25 minutes, ou jusqu'à ce que la température interne atteigne 165 °F.

Nutrition (pour 100g): 350 Calories 6g Lipides 10g Glucides 42g Protéines 842mg Sodium

Agneau aux haricots verts

Temps de préparation : 10 minutes

Temps de cuisson : 1 heure

Portions : 6

Niveau de difficulté : difficile

Ingrédients:

- ¼ tasse d'huile d'olive extra vierge, divisée
- 6 côtelettes d'agneau, dégraissées
- 1 cuillère à café de sel de mer, divisée
- ½ cuillère à café de poivre noir fraîchement moulu
- 2 cuillères à soupe de pâte de tomate
- 1 tasse et demie d'eau chaude
- 1 livre de haricots verts, parés et coupés en deux sur la largeur
- 1 oignon, haché
- 2 tomates, hachées

Les indications:

Faites cuire 2 cuillères à soupe d'huile d'olive dans une grande poêle jusqu'à ce qu'elle scintille. Assaisonnez les côtelettes d'agneau avec 1/2 cuillère à café de sel de mer et 1/8 de cuillère à café de poivre. Cuire l'agneau dans l'huile chaude environ 4 minutes de chaque côté jusqu'à ce qu'il soit doré des deux côtés. Placer le bœuf sur un plat de service et réserver.

Remettre la poêle sur le feu et ajouter les 2 cuillères à soupe d'huile d'olive restantes. Chauffez jusqu'à ce qu'il brille.

Dans un bol, dissoudre le concentré de tomate dans de l'eau chaude. Ajoutez-le à la poêle chaude avec les haricots verts, l'oignon, les tomates et la ½ cuillère à café de sel de mer et le ¼ de poivre restants. Porter à ébullition, en utilisant le côté d'une cuillère pour racler les morceaux dorés du fond de la casserole.

Remettre les côtelettes d'agneau dans la poêle. Laissez bouillir et ajustez le feu à moyen-doux. Laisser mijoter pendant 45 minutes jusqu'à ce que les haricots soient tendres, en ajoutant plus d'eau au besoin pour ajuster l'épaisseur de la sauce.

Nutrition (pour 100g): 439 Calories 4g Lipides 10g Glucides 50g Protéines 745mg Sodium

Poulet sauce tomate et sauce balsamique

Temps de préparation : 10 minutes

Temps de cuisson: 20 minutes

Portions : 4

Niveau de difficulté : moyen

ingrédients

- 2 (8 onces ou 226,7 g chacune) poitrines de poulet désossées et sans peau
- ½ c. sel
- ½ c. Poivre moulu
- 3 c. Huile d'olive vierge extra
- ½ c. tomates cerises coupées en deux
- 2 cuillères à soupe. échalote tranchée
- ¼ c. vinaigre balsamique
- 1 cuillère à soupe. ail haché
- 1 cuillère à soupe. graines de fenouil grillées, écrasées
- 1 cuillère à soupe. beurre

Les indications:

Coupez les poitrines de poulet en 4 morceaux et battez-les avec un maillet jusqu'à ce qu'elles aient ¼ de pouce d'épaisseur. Utilisez ¼ de cuillères à café de poivre et de sel pour enrober le poulet. Faire chauffer deux cuillères à soupe d'huile dans une poêle et maintenir le feu à température moyenne. Cuire les poitrines de poulet des deux côtés pendant trois minutes. Placez-le sur une assiette de service et couvrez-le de papier d'aluminium pour le garder au chaud.

Ajouter une cuillère à soupe d'huile, les échalotes et les tomates dans une poêle et cuire jusqu'à ce qu'elles soient ramollies. Ajouter le vinaigre et faire bouillir le mélange jusqu'à ce qu'il réduise de moitié. Mettez les graines de fenouil, l'ail, le sel et le poivre et laissez cuire environ quatre minutes. Retirez-le du feu et mélangez-le avec le beurre. Verser cette sauce sur le poulet et servir.

Nutrition (pour 100g): 294 Calories 17g Lipides 10g Glucides 2g Protéines 639mg Sodium

Salade de riz brun avec fromage feta, petits pois frais et menthe

Temps de préparation : 10 minutes
Temps de cuisson: 25 minutes
Portions : 4
Niveau de difficulté : facile

Ingrédients:

- 2 ch. riz brun
- 3 ch. cascade
- sel
- 5 onces. ou 141,7 g de fromage feta émietté
- 2 ch. pois cuits
- ½ c. menthe hachée, fraîche
- 2 cuillères à soupe. huile d'olive
- Sel et poivre

Les indications:

Mettre le riz brun, l'eau et le sel dans une casserole à feu moyen, couvrir et porter à ébullition. Réduire le feu et laisser mijoter jusqu'à ce que l'eau soit dissoute et que le riz soit tendre mais moelleux. Laisser refroidir complètement

Ajouter la feta, les pois, la menthe, l'huile d'olive, le sel et le poivre dans un saladier avec le riz refroidi et remuer pour combiner Servir et déguster !

Nutrition (pour 100g): 613 calories 18,2 g de matières grasses 45 g de glucides 12 g de protéines 755 mg de sodium

Pain Pita Intégral Farci Aux Olives Et Pois Chiches

Temps de préparation : 10 minutes
Temps de cuisson: 20 minutes
Portions : 2
Niveau de difficulté : moyen

Ingrédients:

- 2 poches de pain pita complet
- 2 cuillères à soupe. huile d'olive
- 2 gousses d'ail, hachées
- 1 oignon, haché
- ½ c. cumin
- 10 olives noires, hachées
- 2 ch. pois chiches cuits
- Sel et poivre

Les indications:

Trancher les poches de pita et réserver. Réglez le feu à moyen et mettez une poêle à frire en place. Ajouter l'huile d'olive et faire chauffer. Incorporer l'ail, l'oignon et le cumin dans la poêle chaude et remuer pendant que les oignons ramollissent et que le cumin est parfumé Ajouter les olives, les pois chiches, le sel et le poivre et remuer jusqu'à ce que les pois chiches soient dorés

Retirer la casserole du feu et utiliser la cuillère en bois pour écraser grossièrement les pois chiches afin que certains soient intacts et d'autres écrasés Chauffer les poches de pita au micro-ondes, au four ou sur une casserole propre sur la cuisinière

Remplissez-les avec votre mélange de pois chiches et dégustez !

Nutrition (pour 100g): 503 Calories 19g Lipides 14g Glucides 15.7g Protéines 798mg Sodium

Carottes Rôties aux Noix et Haricots Cannellini

Temps de préparation : 10 minutes
Temps de cuisson: 45 minutes
Portions : 4
Niveau de difficulté : moyen

Ingrédients:

- 4 carottes pelées, hachées
- 1 ch. Des noisettes
- 1 cuillère à soupe. Miel
- 2 cuillères à soupe. huile d'olive
- 2 ch. haricots cannellini en conserve, égouttés
- 1 brin de thym frais
- Sel et poivre

Les indications:

Réglez le four à 400 F/204 C et tapissez une plaque à pâtisserie ou une poêle de papier parchemin. Placez les carottes et les noix sur la plaque à pâtisserie ou la poêle tapissée. Versez de l'huile d'olive et du miel sur les carottes et les noix et frottez-les partout pour vous assurer que chaque morceau est enrobé Saupoudrez les haricots sur la plaque à pâtisserie et placez-les dans les carottes et les noix

Ajouter le thym et saupoudrer le tout de sel et de poivre Placer la casserole au four et cuire environ 40 minutes.

Servir et déguster

Nutrition (pour 100g): 385 Calories 27g Lipides 6g Glucides 18g Protéines 859mg Sodium

Poulet au beurre assaisonné

Temps de préparation : 10 minutes

Temps de cuisson: 25 minutes

Portions : 4

Niveau de difficulté : moyen

Ingrédients:

- ½ c. Crème fouettée épaisse
- 1 cuillère à soupe. sel
- ½ c. Bouillon d'os
- 1 cuillère à soupe. Poivre
- 4 c. Beurre
- 4 demi-poitrines de poulet

Les indications:

Placez la casserole sur le four à feu moyen et ajoutez une cuillère à soupe de beurre. Une fois le beurre chaud et fondu, insérer le poulet et cuire cinq minutes des deux côtés. À la fin de ce temps, le poulet doit être bien cuit et bien doré; si c'est le cas, allez-y et placez-le sur un plateau.

Ensuite, vous ajouterez le bouillon d'os dans la poêle chaude. Ajouter la crème fleurette, saler et poivrer. Ensuite, laissez la casserole tranquille jusqu'à ce que la sauce commence à mijoter. Laissez ce processus se produire pendant cinq minutes pour épaissir la sauce.

Enfin, vous ajouterez le reste du beurre et du poulet dans la poêle. Assurez-vous d'utiliser une cuillère pour verser la sauce sur le poulet et l'étouffer complètement. Servir

Nutrition (pour 100g): 350 Calories 25g Lipides 10g Glucides 25g Protéines 869mg Sodium

Double poulet avec bacon et fromage

Temps de préparation : 10 minutes

Temps de cuisson: 30 minutes

Portions : 4

Niveau de difficulté : facile

Ingrédients:

- 125 grammes. ou 113g. Crème au fromage
- 1 ch. Fromage cheddar
- 8 tranches de bacon
- Sel de mer
- Poivre
- 2 gousses d'ail, hachées finement
- Poitrine de poulet
- 1 cuillère à soupe. Graisse de bacon ou beurre

Les indications:

Préparer le four à 400 F / 204 C Couper les poitrines de poulet en deux pour les rendre minces

Assaisonner avec du sel, du poivre et de l'ail. Graisser une plaque à pâtisserie avec du beurre et y déposer les poitrines de poulet. Ajouter le fromage à la crème et le fromage cheddar sur les poitrines

Ajouter également les tranches de bacon Mettre la poêle au four pendant 30 minutes Servir chaud

Nutrition (pour 100g):610 Calories 32g Lipides 3g Glucides 38g Protéines 759mg Sodium

Crevettes au Citron et Poivre

Temps de préparation : 10 minutes

Temps de cuisson: 10 minutes

Portions : 4

Niveau de difficulté : facile

Ingrédients:

- 40 crevettes décortiquées, décortiquées
- 6 gousses d'ail hachées
- Sel et poivre noir
- 3 c. huile d'olive
- ¼ c. paprika doux
- Une pincée de flocons de piment rouge broyés
- ¼ c. Zeste de citron râpé
- 3 c. Sherry ou autre vin
- 1 cuillère à soupe et demie. ciboulette tranchée
- Jus de 1 citron

Les indications:

Réglez le feu à moyen-élevé et placez une casserole.

Ajouter l'huile et les crevettes, saupoudrer de poivre et de sel et cuire 1 minute Ajouter le paprika, l'ail et les flocons de piment, remuer et cuire 1 minute. Incorporer délicatement le sherry et cuire une minute supplémentaire

Retirer les crevettes du feu, ajouter la ciboulette et le zeste de citron, remuer et transférer les crevettes dans des assiettes. Ajouter le jus de citron partout et servir

Nutrition (pour 100g): 140 Calories 1g Lipides 5g Glucides 18g Protéines 694mg Sodium

Flétan pané et épicé

Temps de préparation : 5 minutes

Temps de cuisson: 25 minutes

Portions : 4

Niveau de difficulté : facile

Ingrédients:

- ¼ c. ciboulette fraîche hachée
- ¼ c. aneth frais haché
- ¼ c. Poivre noir moulu
- ¾ c. chapelure panko
- 1 cuillère à soupe. Huile d'olive vierge extra
- 1 cuillère à café. le zeste de citron finement râpé
- 1 cuillère à café. sel de mer
- 1/3 c. persil frais haché
- 4 filets de flétan (6 oz ou 170 g chacun)

Les indications:

Dans un bol moyen, mélanger l'huile d'olive et le reste des ingrédients sauf les filets de flétan et la chapelure

Placer les filets de flétan dans le mélange et laisser mariner pendant 30 minutes Préchauffer le four à 400 F / 204 C Placer le papier d'aluminium sur une plaque à pâtisserie, graisser avec un aérosol de cuisson Tremper les filets dans la chapelure et placer sur une plaque à pâtisserie Cuire au four pendant 20 minutes Servir chaud

Nutrition (pour 100g): 667 calories 24,5 g de matières grasses 2 g de glucides 54,8 g de protéines 756 mg de sodium

Curry de saumon à la moutarde

Temps de préparation : 10 minutes

Temps de cuisson: 20 minutes

Portions : 4

Niveau de difficulté : facile

Ingrédients:

- ¼ c. piment rouge moulu ou poudre de piment
- ¼ c. curcuma, moulu
- ¼ c. sel
- 1 cuillère à café. Miel
- ¼ c. poudre d'ail
- 2 c. moutarde à l'ancienne
- 4 filets de saumon (6 oz ou 170 g chacun)

Les indications:

Dans un bol, mélanger la moutarde et le reste des ingrédients sauf le saumon Préchauffer le four à 350 F / 176 C Graisser un plat allant au four avec un aérosol de cuisson. Placer le saumon côté peau vers le bas sur une plaque à pâtisserie et étaler uniformément le mélange de moutarde sur les filets. Placer au four et cuire pendant 10 à 15 minutes ou jusqu'à ce qu'il soit feuilleté.

Nutrition (pour 100g): 324 calories 18,9 g de matières grasses 1,3 g de glucides 34 g de protéines 593 mg de sodium

Saumon en croûte de noix et romarin

Temps de préparation : 10 minutes

Temps de cuisson: 25 minutes

Portions : 4

Niveau de difficulté : moyen

Ingrédients:

- 1 livre ou 450 g. filet de saumon congelé sans peau
- 2 c. Moutarde de Dijon
- 1 gousse d'ail, hachée
- ¼ c. Écorces de citron
- ½ c. Miel
- ½ c. sel casher
- 1 cuillère à café. romarin frais haché
- 3 c. chapelure panko
- ¼ c. poivron rouge haché
- 3 c. Noix concassé
- 2 c. Huile d'olive vierge extra

Les indications:

Préparez le four à 420 °F/215 °C et utilisez du papier parchemin pour tapisser une plaque à pâtisserie à rebords. Dans un bol, mélanger la moutarde, le zeste de citron, l'ail, le jus de citron, le miel, le romarin, le piment rouge broyé et le sel. Dans un autre bol, mélanger les noix, le panko et 1 cuillère à café d'huile. Placer du papier sulfurisé sur une plaque à pâtisserie et placer le saumon dessus.

Étendre le mélange de moutarde sur le poisson et garnir du mélange de panko. Arroser légèrement le reste d'huile d'olive sur le saumon. Cuire au four environ 10-12 minutes ou jusqu'à ce que le saumon soit séparé par une fourchette. Servir chaud

Nutrition (pour 100g):222 Calories 12 g Lipides 4 g Glucides 0,8 g Protéines 812 mg Sodium

Spaghetti rapide aux tomates

Temps de préparation : 10 minutes

Temps de cuisson: 25 minutes

Portions : 4

Niveau de difficulté : moyen

Ingrédients:

- 8 onces. ou 8 oz de spaghettis
- 3 c. huile d'olive
- 4 gousses d'ail, tranchées
- 1 jalapeno, tranché
- 2 ch. tomates cerises
- Sel et poivre
- 1 cuillère à café. vinaigre balsamique
- ½ c. Parmesan râpé

Les indications:

Faire bouillir une grande casserole d'eau à feu moyen. Ajouter une pincée de sel et porter à ébullition puis ajouter les spaghettis. Laisser cuire 8 minutes. Pendant que les pâtes cuisent, chauffer l'huile dans une poêle et ajouter l'ail et le jalapeño. Cuire 1 minute de plus, puis incorporer les tomates, le poivre et le sel.

Cuire 5 à 7 minutes jusqu'à ce que la peau des tomates éclate.

Ajouter le vinaigre et retirer du feu. Bien égoutter les spaghettis et les mélanger avec la sauce tomate. Saupoudrer de fromage et servir immédiatement.

Nutrition (pour 100g): 298 calories 13,5 g de matières grasses 10,5 g de glucides 8 g de protéines 749 mg de sodium

Crêpes au sarrasin et au babeurre

Temps de préparation : 2 minutes

Temps de cuisson: 18 minutes

Portions : 9

Niveau de difficulté : facile

Ingrédients:

- 1/2 tasse de farine de sarrasin
- 1/2 tasse de farine tout usage
- 2 cuillères à café de levure chimique
- 1 cuillère à café de cassonade
- 2 cuillères à soupe d'huile d'olive
- 2 gros œufs
- 1 tasse de babeurre allégé

Les indications:

Mélanger les quatre premiers ingrédients dans un bol. Ajouter l'huile, le babeurre et les œufs et mélanger jusqu'à consistance lisse. Placer la plaque chauffante à feu moyen et vaporiser d'un aérosol de cuisson antiadhésif. Verser ¼ de tasse de pâte dans la poêle et cuire 1 à 2 minutes de chaque côté ou jusqu'à ce qu'ils soient dorés. Sers immédiatement.

Nutrition (pour 100g): 108 calories 3 g de matières grasses 12 g de glucides 4 g de protéines 556 mg de sodium

Pain doré aux amandes et compote de pêches

Temps de préparation : 10 minutes
Temps de cuisson: 15 minutes
Portions : 4
Niveau de difficulté : facile

Ingrédients:

- <u>Composé :</u>
- 3 cuillères à soupe de substitut de sucre, à base de sucralose
- 1/3 tasse + 2 cuillères à soupe d'eau, divisé
- 1 1/2 tasse de pêches fraîches pelées ou surgelées, décongelées et égouttées, tranchées
- 2 cuillères à soupe de tartinade aux pêches, sans sucre ajouté
- 1/4 cuillère à café de cannelle moulue
- <u>Pain perdu aux amandes</u>
- 1/4 tasse de lait faible en gras (écrémé)
- 3 cuillères à soupe de substitut de sucre, à base de sucralose
- 2 oeufs entiers
- 2 blancs d'œufs
- 1/2 cuillère à café d'extrait d'amande
- 1/8 cuillère à café de sel
- 4 tranches de pain multigrains
- 1/3 tasse d'amandes tranchées

Les indications:

Pour faire la compote, dissoudre 3 cuillères à soupe de sucralose dans 1/3 tasse d'eau dans une casserole moyenne à feu moyen-vif. Incorporer les pêches et porter à ébullition. Réduire le feu à moyen et continuer à mijoter à découvert pendant encore 5 minutes ou jusqu'à ce que les pêches soient ramollies.

Mélangez le reste de l'eau et la tartinade de fruits, puis remuez les pêches dans la casserole. Cuire encore une minute ou jusqu'à ce que le sirop épaississe. Retirer du feu et ajouter la cannelle. Couvrir pour garder au chaud.

Pour faire du pain perdu. Mélanger le lait et le sucralose dans un grand plat profond et fouetter jusqu'à dissolution complète. Incorporer les blancs d'œufs, les œufs, l'extrait d'amande et le sel. Tremper les deux côtés des tranches de pain dans le mélange d'œufs pendant 3 minutes ou jusqu'à ce qu'elles soient complètement imbibées. Saupoudrez les deux côtés d'amandes effilées et appuyez fermement pour faire adhérer.

Badigeonnez la poêle antiadhésive avec un aérosol de cuisson et faites chauffer à feu moyen-vif. Cuire les tranches de pain sur la plaque chauffante pendant 2 à 3 minutes des deux côtés ou jusqu'à ce qu'elles soient légèrement dorées. Servir garni de la compote de pêches.

Nutrition (pour 100g): 277 calories 7 g de matières grasses 31 g de glucides 12 g de protéines 665 mg de sodium

Flocons d'avoine aux baies avec crème douce à la vanille

Temps de préparation : 5 minutes
Temps de cuisson: Cinq minutes
Portions : 4
Niveau de difficulté : facile

Ingrédients:

- 2 tasses d'eau
- 1 tasse d'avoine à cuisson rapide
- 1 cuillère à soupe de succédané de sucre à base de sucralose
- 1/2 cuillère à café de cannelle moulue
- 1/8 cuillère à café de sel
- <u>Crème</u>
- 3/4 tasse moitié-moitié sans gras
- 3 cuillères à soupe de succédané de sucre à base de sucralose
- 1/2 cuillère à café d'extrait de vanille
- 1/2 cuillère à café d'extrait d'amande
- <u>Assaisonnement</u>
- 1 1/2 tasse de bleuets frais
- 1/2 tasse de framboises fraîches ou surgelées et décongelées

Les indications:

Porter l'eau à ébullition et ajouter les flocons d'avoine. Réduire le feu à moyen pendant la cuisson des flocons d'avoine, à découvert, pendant 2 minutes ou jusqu'à épaississement. Retirer du feu et incorporer le succédané de sucre, le sel et la cannelle. Dans un bol de taille moyenne, fouetter ensemble tous les ingrédients de la crème jusqu'à ce qu'ils soient bien mélangés. Couper les flocons d'avoine cuits en 4 portions égales et verser sur la crème douce. Compléter avec les baies et servir.

Nutrition (pour 100g): 150 Calories 5g Lipides 30g Glucides 5g Protéines 807mg Sodium

Smoothie d'été

Temps de préparation : 8 minutes

Temps de cuisson: 0 minute

Portions : 2

Niveau de difficulté : facile

Ingrédients:

- 1/2 banane, pelée
- 2 tasses de fraises, coupées en deux
- 3 cuillères à soupe de menthe, hachée
- 1 1/2 tasse d'eau de coco
- 1/2 avocat, dénoyauté et pelé
- 1 datte hachée
- Glaçons au besoin

Les indications:

Mélanger le tout dans un mélangeur et mélanger jusqu'à consistance lisse. Ajouter des glaçons pour épaissir et servir frais.

Nutrition (pour 100g): 360 Calories 12g Lipides 5g Glucides 31g Protéines 737mg Sodium

Pitas au jambon et aux œufs

Temps de préparation : 5 minutes
Temps de cuisson: 15 minutes
Portions : 4
Niveau de difficulté : facile

Ingrédients:

- 6 oeufs
- 2 échalotes, hachées
- 1 cuillère à café d'huile d'olive
- 1/3 tasse de jambon fumé, haché
- 1/3 tasse de poivron vert doux, haché
- 1/4 tasse de fromage brie
- Sel de mer et poivre noir au goût
- 4 feuilles de laitue
- 2 pain pita, complet

Les indications:

Faire chauffer l'huile d'olive dans une poêle à feu moyen. Ajouter les échalotes et le poivron vert et cuire pendant cinq minutes en remuant fréquemment.

Prenez un bol et battez les œufs en saupoudrant de sel et de poivre. Assurez-vous que les œufs sont bien battus. Placer les œufs dans la poêle, puis incorporer le jambon et le fromage. Bien mélanger et cuire jusqu'à ce que le mélange épaississe. Couper les pains en deux et ouvrir les poches. Étalez une cuillère à café de moutarde dans chaque poche et ajoutez une feuille de laitue à chacune. Répartir le mélange d'œufs dans chacun et servir.

Nutrition (pour 100g): 610 calories 21 g de matières grasses 10 g de glucides 41 g de protéines 807 mg de sodium

www.ingramcontent.com/pod-product-compliance
Lightning Source LLC
Chambersburg PA
CBHW070404120526
44590CB00014B/1247